ATLAS PRATIQUE

LA RANDONNÉE À CHEVAL

EDITIONS ATLAS

Edité par :
Editions Glénat

Services éditoriaux et commerciaux :
Editions Glénat - 31-33, rue Ernest Renan
92130 Issy-les-Moulineaux

Cet ouvrage est une édition partielle de l'encyclopédie « Equitation » publiée par les Editions Atlas et dirigée par Emmanuelle Hubrecht.

Maquette de couverture : Les Quatre Lunes
Photo de couverture : Farissier/Cogis

Imprimé en Italie
Achevé d'imprimer : avril 2004
Dépôt légal : avril 2004
ISBN : 2.7234.4648.4

INTRODUCTION

La randonnée équestre n'est pas une simple balade à laquelle chacun peut s'adonner sans préparation : c'est une discipline en soi, qui nécessite des connaissances spécifiques. Ce sont ces connaissances que cet ouvrage se propose de vous faire découvrir. Tout ce que le cavalier doit maîtriser sur le terrain est indiqué : le rythme de marche, le galop en extérieur, les accidents de terrain, etc. Un chapitre est consacré aux conseils techniques : quelle tenue et quel matériel emporter, comment tracer sa route, ou s'adapter à la météo, la liste est longue. L'épreuve d'endurance est également présentée, avec toutes ses particularités. Enfin, quelques exemples de randonnées donneront quelques idées aux cavaliers.
L'atlas pratique de la randonnée à cheval est un ouvrage indispensable pour tous les amateurs d'équitation amoureux de la nature !

L'éditeur

S O M M

Sorrel

Sorrel

A I R E

Endurance
137

Bob Langrish

Bob Langrish

Partir
207

Sorrel

SUR LE TERRAIN

Premières balades : règles de base
Première promenade
Quand pourrai-je sortir seul ?
Que faire en cas de problème en balade ?
Pique-nique à cheval
Montées et descentes au pas
En forêt
Les accidents de terrain : les aborder, les franchir
Galoper en extérieur
Galoper en suspension
La sécurité en extérieur
L'eau
L'attache en randonnée
Le rythme de marche : la gestion d'une étape
Trucs et astuces du randonneur

Premières balades : règles de base

C'est à cheval que l'on profite le mieux de la beauté d'un paysage ! Mais attention, il faut respecter les règles de base de la courtoisie et du bon sens... ainsi que le Code de la route et le Code rural.

STF/Sunset

G. Lacz/Sunset

Ce panneau signale une allée cavalière : vous pouvez y aller.

DU MANÈGE À L'EXTÉRIEUR : DES SITUATIONS NOUVELLES

Le printemps est là ! Après des mois de boue et de gel, cavaliers et chevaux vont goûter au plaisir des premières balades. Mais dehors, un cheval peut se montrer imprévisible. Il faut apprendre à le « sentir » pour savoir anticiper et réagir.

L'INDISPENSABLE MANÈGE

Pour partir en balade, il faut maîtriser son cheval aux trois allures, contrôler la direction, avoir une assiette ferme et surtout savoir imposer sa volonté. Tout cela ne s'acquiert pas en trois leçons. On compte en général une bonne dizaine de séances de manège avant d'emmener le cavalier à l'extérieur.

AVEC UN ACCOMPAGNATEUR

Si vous sortez avec un accompagnateur, assurez-vous qu'il est compétent. Il y a encore trop d'amateurs qui improvisent un centre de balades le temps d'une saison dans un but purement lucratif. Seul un cavalier dûment formé peut emmener un groupe de cavaliers. Il doit posséder un brevet de tourisme équestre ou un diplôme de moniteur ou d'instructeur.

Ce point élucidé, remettez-vous-en à lui. Suivez ses consignes et transmettez-les aux autres cavaliers. Adressez-vous à lui en cas de problème.

QUELLE TENUE ?

Galoper cheveux au vent est une chimère dangereuse. La bombe trois points a sauvé plus d'une tête. Elle est indispensable.

Les bottes ne sont pas obligatoires, surtout en été. Des chaps souples portées par-dessus des chaussures seront plus confortables. Attention, pas de chaussures sans talons (style baskets) qui glissent dans les étriers.

Côté pantalons, écartez ceux qui ont des coutures importantes et mal placées qui vous scient les cuisses et l'entrejambe. Évitez les matières synthétiques qui échauffent. La culotte de cheval élastique est bien conçue. On peut lui préférer un pantalon de sport en coton.

LE SAVIEZ-VOUS ?

En extérieur, on sent souffler un vent de liberté. Comme toute liberté, elle ne doit pas empiéter sur le bien-être et la sécurité d'autrui. Pour les piétons, votre cheval est souvent effrayant... Pour les voitures, c'est un danger potentiel, pour les agriculteurs, une nuisance, pour un autre cavalier, une source d'agitation... Tenez compte du point de vue de chacun pour vous faire bien accepter... et pour votre propre sécurité.

Avant de vous offrir le plaisir d'une galopade dans l'eau, contrôlez la profondeur et l'état du fond.

STF/Sunset

Enfin, pour des questions de sécurité, bannissez les écharpes et les cheveux flottants qui se prennent dans les branches, les capes ou vêtements amples qui volent au vent, les lunettes non attachées.

CONTRÔLE

Vérifiez toutes les coutures du harnachement. On oublie trop souvent ce geste banal et pourtant fondamental. Si vous partez pour plusieurs heures, mettez un licol muni d'une longe sous le filet. Il vous permettra d'attacher le cheval en cas de halte.

Assurez-vous que le cheval est à l'aise lui aussi : embouchure adaptée et bien réglée, tapis de selle épais et bien dégarrotté, sangle en place sans risque de friction. Un fourreau de sangle est très appréciable pour un cheval qui marche de longues heures.

Et, naturellement, contrôlez les « chaussures » du cheval : fers et pieds doivent être en parfait état.

Kit Houghton

Les branches basses sont une menace pour le cavalier. Soyez toujours vigilant, en particulier au galop.

Sorrel

Le cheval est un animal puissant et rapide. Ne vous lancez pas seul en promenade si vous ne vous sentez pas sûr de vous... et de lui.

L'ASSURANCE

Un cavalier propriétaire doit obligatoirement être assuré. Les cavaliers rattachés à un club sont assurés par le biais de leur licence fédérale. Si vous montez occasionnellement pendant les vacances, vérifiez que le club est couvert par une assurance responsabilité civile.

ACCÈS RÉGLEMENTÉS

• Tous les sentiers ne sont pas ouverts aux cavaliers. Respectez les interdictions.

• L'accès des sous-bois est formellement interdit aux chevaux.

• N'entrez pas dans les propriétés privées ni sur les terres cultivées.

• L'accès des plages est généralement réglementé. En l'absence de panneaux précisant la réglementation, fiez-vous à votre bon sens. Une plage bondée n'est pas un bon terrain d'équitation.

Sorrel

La vue est dégagée, le sentier libre, le terrain sûr ? C'est le moment de s'offrir un bon galop.

SUR LA ROUTE

• Le Code de la route assimile le cavalier à un véhicule. Celui-ci doit donc se tenir sur la droite de la route et respecter la signalisation routière.

• La nuit, un vêtement portant des bandes lumineuses – rouges derrière, blanches devant – est obligatoire.

• Plusieurs cavaliers doivent traverser la route ensemble, après s'être alignés sur le bas-côté.

• En agglomération, respectez les sens interdits. Marchez au pas et prenez soin de ne pas effrayer les piétons.

Kit Houghton

Suivez le cheval de devant en gardant vos distances, et profitez de la nature !

SÉCURITÉ ET COURTOISIE

• Quand vous devez croiser d'autres cavaliers, repassez au pas. Saluez-les. Ne laissez pas votre cheval s'approcher trop, au risque de déclencher des coups de dents ou de pieds.

• Avant de dépasser un autre cavalier, demandez-lui l'autorisation. Ne passez pas trop près.

• Quand vous marchez en file indienne, respectez les distances : 1,50 à 2 m entre le cavalier qui vous précède et vous.

• Ne galopez pas sur un sentier que vous ne connaissez pas ou sans visibilité.

• Si le terrain est dur (route, sentier gelé) ou trop mou (boue profonde), on ne doit ni sauter ni galoper.

• Ne sautez pas un obstacle sans avoir vérifié son abord et sa réception. Contrôlez aussi les branchages qui sont au-dessus.

• Ne vous aventurez pas dans un gué sans en avoir jaugé la profondeur.

Première promenade

A la belle saison, tous les cavaliers sortent en extérieur, même les débutants. Cette perspective effraie certains cavaliers encore peu sûrs d'eux. Pourtant, la promenade est en général plus facile qu'une reprise en manège.

Kit Houghton

Kit Houghton

LE GRAND JOUR EST ARRIVÉ

Si, en arrivant au club, vous voyez écrit « Extérieur » sur le cahier des reprises, le grand jour est arrivé : vous allez sortir faire une promenade à cheval !

AVANT LE DÉPART

Préparez votre cheval comme à l'ordinaire. Lorsque vous lui curez les pieds, vérifiez que les fers sont en bon état et qu'ils sont parfaitement en place. Un fer qui « cloche », qui bouge même légèrement, doit être signalé à l'enseignant.

Au moment de monter, les cavaliers ne se rendent généralement pas au manège ou à la carrière: ils s'alignent parallèlement les uns aux autres, dans la cour, à une distance suffisante pour éviter tout risque de coup de pied (au moins 2-3 m). Ressanglez, puis, quand l'enseignant en donne l'ordre, montez.

GARDER SA PLACE

Souvent, le moniteur préfère placer les chevaux selon un ordre précis. Il répartit ainsi les animaux selon leurs affinités et les cavaliers selon leur compétence. Le cavalier qui ferme la marche doit être un peu plus expérimenté que les autres. S'il y a un débutant, il sera placé près du moniteur qui, ainsi, pourra au besoin le conseiller.

LES BONNES DISTANCES

Pour des raisons de sécurité, les cavaliers doivent marcher en file, les uns derrière les autres, et non au botte à botte. Gardez vos distances : 1,50 à 2 m entre la queue du cheval qui vous précède et le nez de votre monture. Néanmoins, ne laissez pas cette distance s'accroître de façon importante : votre cheval serait tenté de rattraper les autres en partant au trot ou même au galop, ce qui risquerait de semer une certaine agitation parmi les chevaux, surtout si les cavaliers sont encore débutants.

LE BON USAGE DES JAMBES

Inutile de solliciter en permanence votre cheval avec les jambes : il n'y prêterait même plus attention. Laissez-le marcher à son pas en l'encourageant de temps à autre par les jambes et l'assiette, ou simplement par la voix. Quand la distance entre le cavalier précédent et vous dépasse 5-6 m, mettez votre cheval au trot pour quelques foulées, puis faites-le revenir au pas. Des rênes très ajustées (comme ci-contre) ne conviennent pas en extérieur : le cheval a besoin de disposer librement de son balancier pour marcher d'un bon pas.

GALOPER EN EXTÉRIEUR

Galoper en extérieur ne pose pas les mêmes problèmes qu'au manège. Le moniteur vous préviendra avant de changer d'allure. Ajustez vos rênes : dès que le cheval de tête prend le galop, tous les chevaux suivent. Le vôtre prendra le galop derrière la

Kit Houghton

ATTENTION, DANGER !

Se promener en groupe est une chose : le cheval, tenu par un puissant instinct grégaire, reste toujours auprès de ses compagnons. Vous n'avez ainsi qu'à exercer un contrôle minimum sur votre monture. En revanche, sortir seul demande une bonne maîtrise du cheval, une solide connaissance de son comportement et des précautions à prendre en extérieur.

file sans que vous ayez à le lui demander. Fermez simplement vos jambes et ouvrez vos doigts. Mettez-vous en suspension et pensez à accompagner le mouvement de l'encolure.

Kit Houghton

Kit Houghton

ENCADRER

Il faut éviter de laisser le cheval sortir de la file et doubler les autres chevaux – ne cherchez pas non plus à galoper de front avec d'autres cavaliers. Encadrez bien votre monture en conservant des mains basses et plutôt écartées. Maintenez-le dans la file et gardez vos distances sans les laisser devenir trop importantes.

Si votre cheval double les autres, ne vous « pendez » pas aux rênes pour tenter de l'ar-

BON A SAVOIR
Une heure pour commencer

Les premières balades durent une heure, comme la reprise. Cela vous laisse le temps de parcourir de 5 à 10 km selon votre allure: un vrai tour. Par la suite, vous pourrez vous inscrire pour des promenades de deux heures ou plus – partir faire un pique-nique à cheval est très amusant.

LE COIN DU PRO

En promenade, le terrain n'est pas plat et régulier comme au manège ou en carrière. On adapte les allures en fonction du terrain : s'il est boueux, glissant, pierreux ou accidenté, on reste au pas. On ne galope que sur un sol régulier et quand la visibilité est bonne.

Kit Houghton

rêter. Redressez franchement votre buste, éventuellement en restant en suspension, en levant les mains. Rendez et recommencez.

LES JOIES DU TOUT-TERRAIN

Lors de votre première sortie, vous découvrirez quelque chose que le manège et la carrière ne pouvaient vous offrir : les montées et les descentes. C'est amusant et excitant. Dans les descentes, restez assis en vous redressant légèrement. Dans les montées, mettez-vous en suspension et attrapez une poignée de crins pour vous aider si nécessaire. N'oubliez pas de laisser au cheval une certaine liberté d'encolure : il en a besoin pour s'équilibrer.

Kit Houghton

LE BON GESTE
Retour au calme

La promenade s'achève toujours au pas pour laisser le cheval revenir au calme. En rentrant, après avoir dessellé et débridé, douchez-lui les membres s'ils sont boueux. N'oubliez pas de contrôler ses pieds : vérifiez qu'aucun corps étranger ne s'est enfoncé dans la corne ou coincé dans les lacunes et que les fers sont bien en place. Bouchonnez votre cheval si nécessaire et assurez-vous qu'il dispose d'eau claire.

Quand pourrai-je sortir seul ?

Partir seul, enfin ! S'offrir ce petit tête-à-tête avec son cheval, choisir son chemin et son allure : quel sentiment de liberté ! Pourtant, au regard de la sécurité, il ne faudrait jamais partir seul à cheval dans la campagne, quel que soit son niveau d'équitation.

Bob Langrish

SORTIR SEUL : UN RÊVE DE SOLITUDE RISQUÉ

Vous êtes un cavalier expérimenté et vous avez terriblement envie de vous promener seul à seul avec un cheval. Sachez que cela comporte toujours une part de risque et, avant de partir, posez-vous quelques questions.

VOTRE NIVEAU

Si vous envisagez de sortir seul, c'est que vous vous sentez déjà très à l'aise à cheval et que vous n'avez pas peur. Votre jugement est-il objectif ? Demandez l'opinion de votre enseignant et tenez-en compte. Si vous devez vous en remettre à votre seul jugement, soumettez-vous à un questionnaire serré. Vous devez pouvoir répondre oui à toutes les questions !

LE BON GESTE
Sens de l'orientation

Vous avez envie de vous promener seul. Connaissez-vous parfaitement les sentiers ? Avez-vous le sens de l'orientation ? Avant de partir seul, vous avez intérêt à apprendre à vous servir d'une boussole que vous glisserez dans votre poche. Après avoir repéré l'orientation de votre point de départ!

VOTRE ASSIETTE EST-ELLE BONNE ?

Êtes-vous parfaitement à l'aise au trot assis et au trot enlevé ? Restez-vous en place quand votre cheval fait un écart ? Savez-vous réagir quand il se cabre ? Êtes-vous parfaitement en équilibre en suspension ? Êtes-vous capable de rester en selle sans etriers aux trois allures ?

AVEZ-VOUS LE CONTRÔLE DE VOTRE CHEVAL ?

Savez-vous vous faire obéir de votre cheval aux trois allures ? Savez-vous réagir lorsque votre cheval s'énerve ou qu'il panique ? Lorsque vous demandez un arrêt, votre cheval reste-t-il immobile, une fois que vous avez rendu les rênes, jusqu'à ce que vous lui demandiez de marcher ? Cet exercice de

Aux balades solitaires, préférez les sorties avec un camarade raisonnable et d'un bon niveau.

Bob Langrish

Kit Houghton

Il est indispensable de connaître les règles de base de la sécurité et de la civilité. Sur la route, certaines précautions particulières sont indispensables. Evitez donc autant que possible de circuler sur le macadam!

base est un excellent test du respect que le cheval vous accorde et de la qualité de son éducation.

VOTRE CHEVAL EST-IL ADAPTÉ À LA BALADE EN SOLITAIRE?

Tous ne le sont pas : certains sont à tel point menés par leur instinct grégaire que, passé le premier tournant, ils ne songent qu'à retourner à l'écurie. Il faut refaire l'éducation d'un tel cheval avant de songer à sortir seul avec lui. De même, un cheval sur l'œil, qui fait des écarts ou des démarrages soudains dès qu'une douce brise agite le feuillage, n'est pas recommandé.

NE PLAISANTEZ PAS AVEC LA SÉCURITÉ

Avec l'habitude, il n'est pas rare qu'on se mette à négliger les règles de sécurité les plus élémentaires. Pourtant, même les gens de métier sont à la merci d'une simple branche en travers du chemin ou d'une mauvaise chute.

BON A SAVOIR
Les bienfaits de la technologie

Le téléphone portable est très agaçant dans certaines circonstances, très utile dans d'autres. Incontestablement, la balade à cheval en solitaire est une des circonstances où cet appareil revêt une grande utilité.

Bob Langrish

ATTENTION, DANGER!

Ne ressortez pas la bombe de grand-père

Vous avez retrouvé la bombe de votre tante ou de votre cousine, elle vous va parfaitement... Mais les normes de sécurité ont changé. Les bombes d'il y a quelques années n'étaient ni assez solides, ni assez sûres. Et certaines avaient tendance à se ramollir sous la pluie ! Il vous faut une bombe épaisse et solide, parfaitement à votre taille, avec une attache trois points.

JAMAIS SANS MA BOMBE

Avant tout, vous ne devez jamais, même sous la pire canicule, sortir sans avoir dûment mis votre bombe – avec attache trois points – et fixé la mentonnière. Ce n'est peut-être pas ce que vous voyez autour de vous, mais dites-vous que plus d'une vie aurait été sauvée par le simple port d'une bombe aux normes. Sauvez votre tête plutôt que les apparences !

LAISSER UNE PISTE

Avant de partir, indiquez à quelqu'un l'itinéraire que vous envisagez de suivre ou au moins indiquez dans quel coin vous pensez vous balader. On saura où vous chercher si vous tardez ou si votre cheval rentre sans vous.

VOTRE MATÉRIEL

Contrôlez toujours votre matériel avant de sortir. Examinez étriers et étrivières, notamment aux points de friction. Contrôlez la sangle, les sanglons et les contre-sanglons.

Kit Houghton

Un bon cavalier fait passer l'intérêt du cheval avant son propre plaisir. On ne galope pas n'importe où, ni n'importe quand, ni n'importe comment... Qui veut voyager loin... !

Kit Houghton

Sympathique le temps de prendre la pose, mais vous ne devez même pas traverser le pré sans votre bombe.

Accordez aussi un peu d'attention au filet : boucles, montants, rênes et même mors : il arrive qu'il casse, et cela donne lieu à des situations cocasses, mais pas faciles à gérer.

DÉTENDRE LE CHEVAL

Avant de sortir, il est toujours préférable de détendre un peu son cheval. Une séance de longe de 10 ou 15 mn, ou une détente montée au pas et au trot dans le manège ou la carrière échauffe le cheval et lui permet de jeter son premier feu. Cela vous donne aussi l'occasion de tester votre compagnon. S'il se montre particulièrement gai, prolongez un peu la détente afin qu'il ne vous réserve pas de joyeux sauts de mouton sur les sentiers.

A FAIRE

Rien ne remplace l'expérience

A la question « quand pourrai-je sortir seul ? », la bonne réponse est : « jamais ! », ou alors « quand tu seras majeur ». Et si vraiment vous avez envie de vous y risquer : quand vous aurez acquis une expérience suffisante. Une expérience suffisante du cheval, une expérience suffisante de l'extérieur et des problèmes que vous y rencontrerez. Cela se compte en années plutôt qu'en mois.

Que faire en cas de problème en balade ?

Lorsqu'on se met en selle pour une balade en groupe, on se réjouit d'avance. Il arrive cependant que le plaisir de la chevauchée soit gâché par de petits incidents qui inquiètent le cavalier débutant.

Kit Houghton

LES PETITES CONTRARIÉTÉS

Vous faites vos premières armes en extérieur et votre cheval semble s'ingénier à vous compliquer les choses ? Voici quelques trucs pour bien vous en sortir…

QUE FAIRE QUAND MON CHEVAL BROUTE ?

Préparez-vous à réagir de façon autoritaire dès le départ. Rien ne sert de vous accrocher aux rênes : un cheval d'instruction rôdé connaît bien la technique pour vous les arracher en baissant la tête très brusquement. Au contraire, laissez-le marcher librement mais, dès qu'il fait mine de baisser le nez pour arracher une touffe d'herbe, dites « non » en donnant énergiquement des jambes. S'il ne se porte pas aussitôt en avant, renforcez votre ordre avec un petit coup de cravache derrière la jambe. Soyez vigilant et recommencez systématiquement dès qu'il songe à brouter. Il renoncera rapidement.

QUE FAIRE DEVANT UN POINT D'EAU?

En arrivant devant un point d'eau (grosse flaque, petit ruisseau), votre cheval refuse d'avancer. Avant tout, laissez filer les rênes pour lui donner la possibilité de baisser le nez, de flairer et d'observer ce qui lui fait peur. Attendez patiemment qu'il s'en désintéresse, puis incitez-le à passer. S'il refuse, demandez à un autre cavalier de passer devant vous : votre cheval suivra sans pro-

LE COIN DU PRO
Que faire en cas d'accident ?

Si un cavalier ou un cheval se blesse, il faut au plus vite demander de l'aide. Ne touchez pas un blessé, sauf pour le mettre en PLS (position latérale de sécurité) si vous avez un brevet de secourisme, ou faire un point de compression en cas d'hémorragie.

Si personne n'a de téléphone portable, un ou plusieurs cavaliers doivent se rendre à l'habitation la plus proche pour téléphoner. Si c'est à vous de faire cet appel, gardez votre sang-froid afin que votre correspondant vous comprenne bien: présentation sommaire, nature de l'accident ou des blessures, localisation aussi précise que possible. « Nous sommes des cavaliers en promenade dans le bois de X, près du village Y. Un cavalier est tombé et il est inconscient. Nous sommes au premier croisement après l'entrée dans l'allée W (ou après le hangar, la mare, la citerne, le silo, etc.). »

Les chevaux aiment l'eau et y entrent volontiers une fois qu'ils ont pu s'assurer qu'elle ne présente pas de danger.

Kit Houghton

Kit Houghton

blème si vous lui laissez son balancier. Une fois dans l'eau, ne le laissez pas s'arrêter : il risque d'être tenté de se rouler.

QUE FAIRE SI MON CHEVAL « EMBARQUE » AU GALOP?

Vous montez un petit farceur qui aime piquer des galops ou prendre la main ? Dans ce genre de circonstances, résister des deux mains sur les rênes est généralement inefficace. Essayez plutôt de mettre le cheval sur un cercle – si le terrain s'y prête. Renforcez l'action des rênes en levant votre cravache du côté opposé à la direction. Réduisez de plus en plus le cercle, ce qui obligera votre monture à ralentir. S'il est impossible de tourner, faites des demi-arrêts : posez une main sur le garrot (cela vous donnera un point d'appui), rêne tendue, et agissez avec l'autre d'un geste ferme, vers le haut, en redressant le buste. Pas de tension continue, sur laquelle le cheval pourrait s'appuyer : une action brève, aussitôt nterrompue, et reprise si nécessaire.

BON A SAVOIR
Question d'autorité

En extérieur, l'herbe du bas-côté exerce un attrait presque irrésistible sur le cheval. Le laisser brouter pour lui faire plaisir est parfois tentant. Mais, attention, un cheval ne comprend pas qu'on n'agisse pas toujours de la même façon. Si vous le laissez brouter une fois, il considère qu'il peut brouter toujours. Avec les inconvénients – et même les dangers – que cela présente : il prend du retard, trottine, rattrape soudain les autres au trot ou au galop. Surtout, il considère que c'est lui qui décide et non vous.

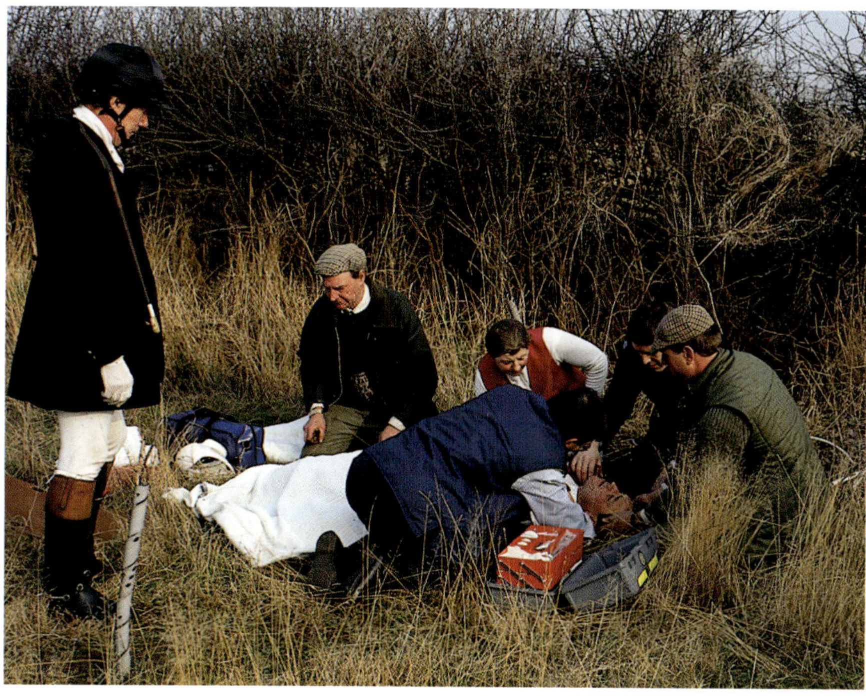

Bob Langrish

Sorrel

LES PROBLÈMES SÉRIEUX

L'extérieur est, incontestablement, une source d'imprévus. En cas de problème sérieux, il faut savoir réagir.

QUE FAIRE EN CAS DE CAVALCADE GÉNÉRALISÉE ?

Parfois, l'excitation d'un cheval se communique à tout le groupe. Les chevaux partent alors au galop dans tous les sens, en marquant parfois leur joie par des ruades ou des sauts de mouton. De telles débandades étant dangereuses, il faut reprendre rapidement le contrôle de sa monture. Ne perdez pas la tête : surtout ne criez pas, vous ne feriez qu'affoler les autres ! Continuez à regarder où vous allez (gare aux branches basses). Agissez par demi-arrêts pour obliger votre cheval à ralentir et efforcez-vous de le mettre sur un cercle en vous rapprochant si possible de votre moniteur.

QUE FAIRE EN CAS DE CHUTE D'UN CAVALIER ?

Lorsqu'un cavalier tombe en extérieur, deux choses sont à faire : s'assurer qu'il va bien, rattraper son cheval. Si vous êtes plusieurs, c'est le moniteur qui répartit les tâches. Un cavalier descend, tient son cheval et celui d'un autre cavalier qui s'approche de la personne à terre. Pendant ce temps, deux autres cavaliers s'efforceront d'approcher le fuyard en restant au pas ou au petit trot. L'instinct grégaire devrait inciter ce dernier à rester près du groupe. Il faut ensuite qu'un cavalier à pied l'aborde doucement en s'avançant face à lui, main tendue comme pour lui offrir une friandise, et attrape les rênes. Le tout avec prudence : gare aux coups de pieds. On n'aborde pas un cheval par l'arrière et on ne marche pas (ni ne court) derrière lui.

ATTENTION, DANGER !

Lorsqu'on galope en groupe, mieux vaut rester en file indienne en gardant ses distances. Si on se met au botte à botte, les chevaux risquent de faire la course et le petit galop peut se transformer en débandade incontrôlable.

Pique-nique à cheval

Pendant les beaux jours, il n'est pas rare que le club organise des balades d'une journée avec un pique-nique pour le déjeuner. Une belle occasion de goûter aux joies de la randonnée, même si l'on n'est pas encore un cavalier confirmé.

Sorrel

BONNE PRÉPARATION = JOYEUX PIQUE-NIQUE !

Un cheval n'est pas un maître d'hôtel. On peut cependant lui faire transporter des repas, à condition de l'aider à ne rien renverser. C'est une affaire de bon sens.

LES MOYENS DE TRANSPORT

Question à se poser avant de préparer la nourriture et le matériel à emporter : les cavaliers pourront-ils charger correctement sur leurs chevaux tout ce qui est nécessaire à un agréable pique-nique ? En effet, nombreuses sont les selles dépourvues de tout point d'attache où accrocher sacoches ou sacs quelconques. Evidemment, on peut songer à faire porter un sac à dos ou une musette en bandoulière à chaque cavalier, mais cela limite l'aisance en selle, surtout aux allures vives. Une autre solution

Attention à la température : après trois heures de chevauchée sous le soleil, votre jambon-beurre risque de faire mauvaise figure. Choisissez des aliments adaptés !

Sorrel

Kit Houghton

Si vous devez attacher votre cheval à un arbre, faites-le toujours suffisamment haut pour qu'il ne risque pas de se prendre les pieds dans la longe ou dans les rênes.

consiste à emmener un cheval de bât, sur lequel on peut charger le matériel et la nourriture de tout le groupe. On peut encore faire appel à une personne qui viendra en voiture sur le lieu du pique-nique, ou à proximité, pour y apporter tout le matériel.

BIEN CHOISIR ET BIEN RANGER

Cavaliers et chevaux, quand ils se chargent du transport, ne sont jamais, il faut s'en sou-

ATTENTION, DANGER !

Si l'intendance le permet (c'est-à-dire si le matériel est emporté en voiture jusqu'au lieu du pique-nique), rien ne vous empêche de faire un véritable repas préparé sur un feu de camp. Mais prenez toutes les précautions nécessaires. Sur une plage ou au bord d'un ruisseau, loin des arbres et des broussailles inflammables, on ne prend guère de risques. Mais il en va tout autrement au milieu des bois. N'oubliez pas qu'il est interdit de faire du feu à moins de 200 mètres d'une forêt et qu'un feu doit être parfaitement éteint lorsqu'on l'abandonne.

Kit Houghton

venir, des transporteurs très délicats. Tout ce qui est fragile est à proscrire. Mieux vaut une solide gourde qu'une bouteille (qui, même en plastique, peut éclater). Mieux vaut une boîte de conserve qu'une fragile barquette. Les pommes ou les oranges voyagent mieux que les poires bien mûres, les chips arrivent toujours en poudre, etc. Une fois les articles à emporter judicieusement choisis, il reste à les disposer dans les sacoches et les sacs. Les plus lourds et les plus rigides se placent bien sûr au fond, afin de ne pas écraser les plus fragiles, que l'on installe dessus. A ne pas oublier : les couverts, les assiettes et les verres. Incassables bien sûr !

AVEC DÉLICATESSE...

Avant de se mettre en selle, quand on part pour un pique-nique, il importe de vérifier que le paquetage du cheval est bien arrimé. Rien n'est plus désagréable que d'arrêter une cavalcade pour récupérer un pain mal ficelé ou pour ramasser le contenu d'une sacoche éparpillé dans le fossé. Il faut aussi penser aux arbres et à tout ce que le cheval frôle : ne connaissant que sa largeur à lui, il risque d'écraser une sacoche au passage. Il n'est guère agréable de retrouver le contenu d'une sacoche gâché par un tube de mayonnaise éclaté !

Kit Houghton

Si le point d'eau n'est pas accessible pour les chevaux, il faut prévoir d'emporter un seau. Il existe des seaux en étoffe synthétique, que l'on plie et met dans sa sacoche, puis qui se déploient quand on les remplit d'eau. Un récipient formidable pour le cavalier pique-niqueur!

LE BON GESTE

Rien n'est plus désagréable que de traverser des endroits jonchés d'ordures. En quittant le lieu du pique-nique, assurez-vous que vous le laissez dans l'état où vous l'avez trouvé. Tous les emballages et autres papiers gras doivent être soigneusement ramassés et emportés jusqu'à la première poubelle.

NE PAS OUBLIER LA CAVALERIE!

Vous pique-niquez ? Votre cheval a bien l'intention de casser la croûte lui aussi. Ne l'oubliez pas

UNE HALTE PROFITABLE

Le temps du repas permet aux chevaux de se reposer. Mais encore faut-il qu'ils puissent le faire dans de bonnes conditions. Prévoyez bien sûr des licols (mis sous le filet) et des longes. Par temps chaud, dans la mesure du possible, les chevaux doivent être placés à l'ombre. Lorsqu'il y a plusieurs chevaux, le mieux est de faire une ligne d'attache à l'aide d'une corde (qu'il faut prévoir d'emporter) tendue entre deux points – deux arbres, deux poteaux, etc. On évite, dans la mesure du possible, d'attacher un cheval à un arbre car il risque d'en ronger l'écorce. Ne placez pas côte à côte des animaux qui ne s'entendent pas et qui risquent de se battre.

A BOIRE ET À MANGER

Les chevaux auront besoin de boire. Vous devez donc penser à trouver un point d'eau au cours de la journée. L'idéal est d'organiser le pique-nique à proximité de ce point d'eau. Les chevaux pourront ainsi se désaltérer une fois le calme revenu. Si les chevaux sont habitués à recevoir trois repas par jour, ils n'apprécieront guère de sauter le déjeuner. Si possible, emportez un peu de grain et des musettes dans lesquelles les chevaux pourront manger. Sinon, un peu de foin, que l'on pourra déposer sur le lieu du pique-nique la veille, par exemple. Si l'herbe est grasse, les chevaux pourront brouter, mais ils n'auront pas le temps de manger suffisamment pour compenser un repas.

Montées et descentes au pas

Après les premières leçons, on a vite envie de découvrir le plaisir de se promener dans les prés et les bois. Mais le terrain n'y est pas toujours aussi plat et égal que dans un manège ou une carrière. Voici quelques conseils pour bien réagir.

Agentur Sorel

MONTÉE OU DESCENTE : UN EFFORT POUR LE CHEVAL

En montée, le cheval se fait souvent prier. En descente, il a tendance à se laisser emporter par son poids et à accélérer. Dans les deux cas, il faut bien accompagner le mouvement tout en maintenant sa monture à l'allure désirée.

MONTÉE

Marchez d'un bon pas jusqu'au pied de la pente. Imprimez une nette pression des mollets pour que le cheval aborde la côte avec allant. Prenez appui sur vos étriers et mettez-vous en équilibre au-dessus de la selle, comme à l'obstacle. Raccourcissez un peu les rênes, mais gardez les coudes souples : le mouvement de balancier de l'encolure est très marqué pendant l'effort et vous devez l'accompagner.

Agentur Sorel

AU TRAVAIL !

Monter ou descendre demande au cheval, tout comme à nous, un effort particulier. Pour conserver son équilibre et affronter le relief, il met à l'épreuve ses muscles et ses articulations. Le rôle du cavalier est alors de contribuer à l'équilibre de sa monture et de la soulager autant que possible dans son effort.

Entretenez l'impulsion avec les mollets. Gardez les rênes tendues, les mains légèrement écartées pour maintenir votre cheval dans l'axe de la pente. Votre buste est franchement incliné : si la déclivité est importante, il est parallèle à la pente. Vous pouvez saisir une poignée de crins dans une main pour assurer, si nécessaire, votre équilibre. Arrivé en terrain plat, rasseyez-vous et rallongez les rênes.

DESCENTE

Amenez votre cheval au début de la descente. Laissez-le étendre un peu l'encolure afin qu'il

Agentur Sorel

LE COIN DU PRO

Si le cheval n'a pas de raison particulière de grimper un talus, il est naturellement tenté de se remettre perpendiculairement à la pente, ou même dans le sens de la descente : cela lui paraît bien plus facile ! Pour éviter cette dérive, gardez les rênes tendues et écartez légèrement les mains : cela « encadre » le cheval. Des jambes présentes encouragent le cheval et préviennent les accès de paresse.

Agentur Sorel

Agentur Sorel

puisse évaluer la pente. Fermez les jambes pour l'engager lentement dans la descente et ouvrez les doigts pour laisser les rênes s'allonger. Le cheval a besoin d'agir librement avec son encolure. Les rênes restent néanmoins tendues. Votre buste doit être perpendiculaire à la pente ou se redresser à la verticale, selon l'importance de la déclivité. Prenez appui sur les étriers et soulevez légèrement vos fesses de la selle. Cela dégage le dos du cheval et lui facilite la tâche.

Votre buste ne doit pas trop partir vers l'avant : maintenez-le toujours proche de la verticale afin de ne pas peser sur les épaules du cheval, ce qui le déséquilibrerait. Vous pouvez prendre appui des deux mains sur la base du garrot, mais prenez soin de conserver les rênes tendues. En arrivant au bas de la pente, soutenez les poignets et fermez les doigts pour prévenir toute accélération du cheval. Une fois en terrain plat, rasseyez-vous et ouvrez les doigts.

TOUTES LES ÉCOLES NE PRÉCONISENT PAS LA MÊME ATTITUDE

Vous verrez sans doute, sur certaines photos ou dans la réalité, des cavaliers franchir des talus en restant profondément assis dans leur selle. En monte américaine, par exemple, les

La descente demande aussi de l'impulsion

Aussi étrange que cela puisse paraître, la descente autant que la montée demande de l'impulsion : cela ne signifie pas vitesse, mais volonté du cheval de se porter en avant en équilibre. Du côté du cavalier, il faut faire corps avec l'action en anticipant les situations. Ne précédez pas votre cheval, mais ne restez pas non plus, par crainte, en arrière de l'action. Du courage, de l'équilibre : vous verrez que le principe reste le même que l'on descende un talus au pas ou que l'on franchisse une difficulté en cross.

Agentur Sorel

étriers sont chaussés trop longs pour qu'il soit question de se mettre en suspension au-dessus de la selle ! Mais la selle américaine est adaptée à ce type de monte et les chevaux sont dressés en conséquence. Mieux vaut ne pas chercher à imiter sans comprendre !

ATTENTION, DANGER !

• Il ne faut pas vous engager dans une descente si vous n'êtes pas sûr de vous et de votre cheval. Si celui-ci s'énerve ou tente de prendre la main, mettez-le sur un cercle (en raccourcissant si nécessaire la rêne intérieure) et obligez-le à ralentir avant de s'engager.

Mach 2 Stock/Sunset

• Évaluez soigneusement l'importance de la pente, la qualité du terrain et les éventuelles branches qui pourraient vous gêner. Si le terrain est glissant, caillouteux ou excessivement boueux, choisissez un autre passage.

• Si vous êtes avec d'autres cavaliers, gardez vos distances, mais sans vous laisser distancer : votre cheval serait tenté de rattraper ses congénères au galop !

Agentur Sorel

A ÉVITER

Le but est de se faire aussi léger qu'une plume et de ne pas entraver les mouvements du cheval. En descente, ne vous asseyez pas lourdement dans la selle en rejetant les épaules vers l'arrière : cela pèse sur les reins du cheval et lui écrase les jarrets (toutes proportions gardées, selon votre poids !).
En montée, évitez de projeter votre buste vers les oreilles en avançant les fesses au-dessus du pommeau (comme ci-dessus) : cela déplace votre poids sur les épaules du cheval, qui ont déjà fort à faire !
En montée comme en descente, vos jambes doivent rester à leur place, légèrement en arrière de la sangle.

En forêt

Terrain idéal pour entraîner son cheval et entretenir son moral, la forêt est aussi un lieu plein de beauté et de mystère. Le cheval permet d'en profiter pleinement.

Sorrel

LA FORÊT : UN TERRAIN DE BALADE ET DE RANDONNÉE PENDANT TOUTE L'ANNÉE

Dans nos contrées, la forêt est l'un des derniers lieux, avec la montagne, auquel les voitures n'aient pas accès. Amoureux de la nature, profitez-en !

AVANT DE PARTIR

Que vous partiez pour une heure ou deux ou pour une randonnée, pensez que la

BON A SAVOIR

Être à cheval en forêt permet souvent de voir de grands animaux tels que les cerfs. Ceux-ci perçoivent moins notre odeur, qui est couverte par celle du cheval.

Restez sur vos gardes si vous croisez une laie suivie d'une ribambelle de marcassins… maman sanglier ne plaisante pas.

Pensez que la débandade d'un groupe de biches peut effrayer vos montures.

Les larges allées forestières permettent de se promener de front… et de s'offrir de bons galops si la visibilité est bonne.

Kit Houghton

forêt compte parmi les derniers arpents de nature préservés. Efforcez-vous d'en connaître la faune et la flore et respectez-les.

N'oubliez pas, non plus, de vous comporter avec courtoisie avec les marcheurs.

CHOISIR SON TERRAIN

Selon le sol sur lequel elle s'est implantée, la forêt offre des sentiers plus ou moins praticables en saison humide.

Les sols sablonneux, dits « légers », restent parfaits en toute circonstance. Ce sont des terrains tout indiqués pour un petit galop !

En revanche, les terrains plus lourds peuvent devenir de véritables fondrières dès l'automne. Ils ne conviennent pas aux chevaux, qui s'y enfoncent profondément. De surcroît, ceux-ci y provoquent des dégâts importants et rendent les chemins impraticables pour les piétons. Évitez ces sentiers en période de pluie ou de gel.

PUBLIC OU PRIVÉ

Attention, dans la forêt, les sentiers ne sont pas tous ouverts aux chevaux. Avant de partir à l'aventure dans un massif forestier, informez-vous : sur certaines parcelles privées, les chevaux sont tolérés. Sur d'autres, ils sont franchement malvenus. N'oubliez pas que vous serez tenu pour responsable en cas de dégâts ou d'accident !

attention, danger !

- *Les branches basses sont l'ennemi n° 1 du cavalier en forêt !*
- *Surveillez le sol : le feuillage dissimule parfois des souches ou des branchages dangereux.*
- *Ne galopez pas sur une allée qui débouche sur un axe routier.*
- *Ne galopez pas sans visibilité sur un terrain dur, profond ou glissant.*

BIVOUAQUER EN FORÊT

Bivouaquer en forêt peut être une bonne idée.

- Assurez-vous que vous avez le droit de camper dans la zone choisie. Demandez l'autorisation au propriétaire (commune ou personne privée) le cas échéant.
- Il existe des gîtes et des zones aménagées pour les bivouacs. Utilisez-les de préférence à tout autre emplacement.

Sorrel

- Attention aux grands animaux qui circulent surtout la nuit et peuvent provoquer une certaine agitation parmi vos chevaux.
- N'attachez pas les chevaux aux arbres pour la nuit. Ils risqueraient de ronger l'écorce. Prévoyez une corde pour faire une ligne d'attache.
- Gare aux moustiques ! Emportez un répulsif pour les chevaux et pour vous.
- Enfin, n'oubliez pas qu'il est interdit de faire du feu dans la plupart des forêts !

RESPECTER LE RÈGLEMENT

Dans les bois communaux ou les forêts domaniales, respectez le règlement. Prenez la peine de lire les panneaux et les pancartes souvent apposés au niveau des accès principaux.

Restez sur les allées ou les sentiers bien tracés. Les sous-bois sont strictement interdits aux chevaux. Ils y font d'importants dégâts et ne passent pas forcément entre les troncs... surtout s'ils portent un paquetage complet !

LE PROBLÈME DE LA CHASSE

L'automne est une bien belle saison pour profiter des charmes de la forêt. C'est aussi, hélas, la période d'ouverture de la chasse dans de nombreux pays d'Europe. La saison se prolonge à peu près jusqu'à la fin de l'hiver : les dates varient d'une région à l'autre et, même, selon le gibier.

Les jours de chasse sont en principe indiqués près des accès principaux. A défaut, informez-vous auprès des mairies.

Ces jours-là, mieux vaut travailler au manège ou se balader dans des espaces ouverts où la visibilité est bonne...

Sorrel

L'été, quand le soleil tape dur, la forêt nous offre un agréable ombrage.

LA FLORE

Ces arbres vénérables méritent notre admiration ! Apprécier et respecter la végétation est le premier devoir du promeneur en forêt.

- De nombreuses plantes sont rares ou protégées. Restez sur les sentiers pour ne pas piétiner les talus et les sous-bois.
- Évitez toute cueillette abusive et n'arrachez jamais les plantes.
- Ne laissez pas votre cheval ronger l'écorce des troncs : vous mettriez la vie des arbres en danger.

CARTE ET BOUSSOLE

Si vous partez pour une courte promenade dans une forêt que vous connaissez, aucune précaution n'est indispensable. Pensez tout de même qu'une carte et une boussole prennent peu de place et rendent de grands services. Rien n'est plus facile que de se perdre en forêt.

RANDONNER

Si vous envisagez une randonnée plus longue à travers un massif forestier, procurez-vous les cartes au 1:25 000 qui couvrent toute la zone concernée.

Avant de partir, examinez l'aspect général du massif sur une carte moins détaillée. Regardez en particulier où passent les grands axes routiers que vous devez croiser.

Choisissez votre itinéraire en gardant à l'esprit que l'eau fait généralement défaut en forêt. Les mares qu'on y trouve sont rarement potables.

Prévoyez des incursions dans les villages ou les maisons forestières, où vous trouverez un point d'eau.

LE COIN DU PRO

Petites bêtes, gros soucis

En été, vos ennemis principaux seront les moustiques et, à proximité des mares, les taons. Ne négligez pas ces petites bêtes, qui peuvent vous gâcher la vie et taper sur les nerfs de votre compagnon.

Avant de partir, frictionnez votre cheval avec un répulsif. Faites de même sur les parties dénudées de votre corps ou bien... optez pour les manches longues.

Sorrel

Les accidents de terrain : les aborder, les franchir

Escalader une butte, descendre dans un fossé ou le sauter, franchir un ruisseau à gué : le cheval, prudent, fort et agile, est naturellement doué pour se sortir sans peine des terrains accidentés. Faites-lui confiance !

Hermeline/Cogis

Hermeline/Cogis

LE CHEVAL : UN VRAI 4X4 !

Le cheval sait mieux que vous affronter les terrains variés. Accordez-lui suffisamment de liberté pour qu'il puisse exercer son jugement et adapter son équilibre, et évitez de le gêner.

AU TRAVAIL !
Des règles simples

Pour bien aborder les accidents de terrain et les franchir sans difficultés, vous devez respecter des règles simples :

- laisser au cheval le temps de jauger la difficulté et de se rassurer s'il y voit un danger ;
- lui accorder la liberté d'encolure indispensable à son équilibre ;
- rester près de la selle et ne pas hésiter à attraper une poignée de crins afin de suivre le mieux possible les déplacements de votre monture.
- ne pas corriger le cheval ou provoquer une « bagarre », mais le remettre en face de la difficulté s'il cherche à l'éviter, sans le « ligoter » entre mains et jambes.

EN DESCENTE

A l'abord, ralentissez. Si la déclivité est faible, vous pouvez rester au trot ou au petit galop, mais en cas de forte pente il faut passer au pas.

Mettez le cheval bien droit face à la pente et engagez-le dans la descente en lui laissant la liberté d'encolure dont il a besoin. Restez assis, ou en suspension légère près de la selle si vous êtes au trot ou au galop, en vous redressant légèrement.

Si le cheval accélère, ajustez les rênes et servez-vous de votre voix pour l'obliger à ralentir, mais rendez dès qu'il a obéi, afin qu'il continue à se sentir libre de son encolure et « responsable » de sa descente.

Attention, c'est en arrivant en bas de la pente que beaucoup de chevaux sont tentés de se laisser aller et de terminer en roue libre !

EN MONTÉE

Incitez le cheval à se placer bien droit face à la pente. Maintenez une bonne impulsion à l'aide des jambes et éventuellement de la voix.

Accompagnez le mouvement en vous mettant en suspension, le buste près de l'encolure.

Aidez-vous de la crinière plutôt que de laisser vos fesses dans la selle, et accompagnez bien le balancier du cheval. Si la pente est très marquée et courte, il vaut mieux l'aborder au galop pour que le cheval la franchisse comme une butte.

Hermeline/Cogis

Bob Langrish

FOSSÉS ET AUTRES TROUS

Le cheval considère les trous avec crainte : il sait qu'il y a un danger potentiel. Ne contrariez pas sa prudence naturelle.

UN ABORD PRUDENT

Lorsque vous vous êtes assuré que le fossé ne présente aucun danger – abord glissant, pierres, branche basse, etc. –, abordez-le au pas ou au trot en laissant le cheval baisser la tête pour bien jauger le trou.

Gardez des mains basses et écartées et contentez-vous de maintenir votre monture face à l'obstacle en la poussant gentiment, sans la bousculer.

Attrapez une poignée de crins car les chevaux sautent souvent de pied ferme et font parfois un bond disproportionné et inconfortable.

Si le cheval est très hésitant, laissez-le s'arrêter et examiner le fossé. Quand il cesse de s'y intéresser, faites une boucle et ramenez-le au petit trot, bien devant vous, avec des mains posées. Il n'a pas besoin de vitesse car un fossé « sautable » n'est jamais plus étendu qu'une bonne foulée de galop.

BON A SAVOIR

La principale difficulté pour le cheval monté en terrain varié, c'est le cavalier : celui-ci ne peut s'empêcher d'intervenir et d'imposer son point de vue. Privé de sa liberté, donc de ses moyens naturels d'affronter la difficulté, souvent surpris, le cheval se sent en péril et cherche à échapper aux contraintes pour reprendre la situation « en main », selon l'idée qu'il se fait de la sécurité : cela se traduit par des refus et des défenses devant les gués ou les fossés, des fuites désordonnées dans les pentes, etc. Faites-lui confiance et donnez-lui le temps de jauger la situation.

Kit Houghton

Kit Houghton

Méfiants, les chevaux font souvent un bond disproportionné pour franchir un fossé.

L'EAU

La plupart des chevaux inexpérimentés rechignent à entrer dans l'eau à vive allure. Leur prudence naturelle leur commande plutôt de poser sagement un pied après l'autre, pour voir ce que la surface peut bien cacher.

Le meilleur moyen de franchir un gué sans encombre est de l'aborder au pas, de laisser le cheval le flairer prudemment, et de lui accorder sa liberté d'encolure. Restez toutefois vigilant : un cheval qui s'intéresse de très près à l'eau risque d'être tenté de s'y rouler. Dans ce cas, donnez vivement des jambes et relevez-lui la tête.

Pour habituer les jeunes et les « poules mouillées », il est bien d'utiliser un compagnon « maître d'école ».

ATTENTION, DANGER !

Quand vous êtes en extérieur, ne cherchez pas à sauter un fossé large, très profond, ou dont les abords ne sont pas sûrs. Faites plutôt un détour.

A ÉVITER

Beaucoup de cavaliers ont peur de se faire « embarquer » dans la descente. Mais pour éviter les folles cavalcades, le moyen le plus sûr n'est pas de s'accrocher à la bouche comme à une manette de frein.

Galoper en extérieur

Galoper en manège donne parfois bien du souci au cavalier, car il faut rester sur la piste, maintenir l'allure, etc. En extérieur, le galop est en général une expérience plus grisante – à condition de prendre quelques précautions pour éviter certains dangers.

Sorrel

Kit Houghton

Avant de partir en extérieur, entraînez-vous à contrôler votre cheval aux trois allures en restant en suspension.

GALOPER EN EXTÉRIEUR : POUR LE PLAISIR DU CAVALIER ... ET DU CHEVAL !

En extérieur, le cheval est souvent plus gai et plus énergique qu'au manège. Il partira au galop bien plus volontiers et vous n'aurez pas de mal à le maintenir à cette allure.

TRAVAILLER LA SUSPENSION

Préparez-vous par un entraînement adéquat en manège ou dans la carrière. Travaillez la suspension aux trois allures. Mettez-vous en équilibre au-dessus des étriers, les fesses soulevées au-dessus de la selle et le buste légèrement incliné vers l'avant. L'articulation des genoux amortit les déplacements. Au pas et au galop, les mains accompagnent le mouvement de balancier de l'encolure.

Les hanches sont au-dessus des pieds et les épaules au-dessus des genoux.

DIRIGER

Une fois que vous avez trouvé votre équilibre, travaillez les transitions et les changements de direction.

Au trot, décrivez des cercles de différentes tailles. Faites des changements de direction successifs en dessinant des S dans la longueur du manège.

Précédez le cheval du regard. Cela oriente votre buste et modifie le placement du poids de votre corps. C'est, pour le cheval, un message aussi clair que les indications des mains et des jambes.

ALLONGER, RALENTIR

Allongez et ralentissez en restant en équilibre au-dessus des étriers. Faites-le d'abord au trot. En suspension, donnez franchement des jambes et ouvrez les doigts. Accompagnez l'allongement d'allure par un fléchissement du buste un peu plus marqué.

Pour ralentir, fermez les doigts en soutenant un peu les mains. Redressez légèrement le buste. Si le cheval ne ralentit pas, rasseyez-vous dans la selle, le buste en arrière, les jambes à leur place. Levez les mains en disant « Ooooh ! ».

AU TRAVAIL !
Avant de partir

En général, on fait ses premières sorties avec un groupe de cavaliers. Le cheval suit ses congénères et tout se déroule facilement. Néanmoins, avant de partir en balade, il faut être capable de rester en équilibre au-dessus de ses étriers et de contrôler l'allure et la direction de sa monture.

Sorrel

L'étendue d'un champ de blé fauché s'offre à vous : pourtant, mieux vaut éviter les galopades dans les chaumes. Ils sont coupants et blessent les paturons et les boulets des chevaux.

LE COIN DU PRO

Quand le cheval « prend la main », l'action des deux mains ensemble devient parfois inefficace. Posez une main, rêne tendue, sur le garrot. De l'autre main, imprimez des mouvements secs successifs vers le haut, rêne bien tendue, pour redresser le cheval.

Kit Houghton

Pour vos premiers galops en extérieur, préférez un sentier bien encadré à droite et à gauche. Cela réduira les problèmes de direction et de contrôle.

N'oubliez pas de rendre (relâcher la tension sur les rênes) dès que le cheval obéit à votre demande.

DU TROT AU GALOP, PROGRESSIVEMENT

Lorsque vous maîtrisez bien les exercices au trot, entraînez-vous au galop. Décrivez de grands cercles, puis des cercles plus réduits. Lorsque le cercle est petit, entretenez l'allure avec des jambes actives, car le cheval a tendance à ralentir et à repasser au trot.

AU MANÈGE, DANS LA CARRIÈRE

Demandez de fréquents changements d'allure et des arrêts : c'est un excellent exercice et pour le cheval et pour vous.

De temps en temps, allongez franchement le galop sur une longueur du manège. Reprenez dans le tournant.

Kit Houghton

Attention, de front, les chevaux ont tendance à faire la course !

LE BON GESTE

Se mettre sur un cercle est un bon moyen pour ralentir un cheval. Décrivez d'abord une courbe assez large, pour ne pas déséquilibrer votre monture, puis de plus en plus petite. La main extérieure (celle qui se trouve à l'extérieur de la courbe) accompagne le mouvement, mais la rêne ne doit pas être relâchée.

ATTENTION, DANGER !

En extérieur, pas question de galoper n'importe où et n'importe quand :

- Inspectez un chemin avant d'y galoper. Cherchez à repérer les éventuels dangers : ornières, pierres ou souches au sol, branches basses risquant de vous heurter au passage.
- Ne galopez pas sans visibilité.
- Sur un terrain trop dur (route, sol gelé), trop mou ou glissant, on ne galope pas.
- On ne galope pas non plus en descente quand la déclivité est importante, ou en montée quand on ne sait pas ce qu'il y a en haut...

Bob Langrish

Dehors, le cheval risque d'exprimer sa vitalité par des pointes de vitesse ou de manifester sa joie par des ruades ou des sauts de mouton. Ne paniquez pas. En suspension, vous amortirez facilement les secousses.

DANS LE PRÉ

Lorsque vous vous sentez à l'aise dans ces exercices, vous êtes prêt à partir en extérieur.

Si cela est possible, essayez d'aller vous entraîner avec le moniteur dans un pré clos à proximité du club.

Vous constaterez que le cheval tourne le dos de mauvais gré à l'écurie. Au contraire, vers l'écurie, il accélère. Pour vos premiers galops, partez donc en direction opposée de l'écurie. Gardez les mains basses et écartées pour encadrer le cheval.

EN GROUPE

Lorsque vous sortez en groupe, vous n'avez qu'à suivre les autres chevaux. La difficulté est moindre. Attention toutefois à l'émulation : si un cheval commence à s'agiter, les autres seront tentés de faire de même. Écoutez bien les indications du moniteur et surtout, gardez vos distances : 1,50 à 2 m entre chaque cheval.

AIDE-MÉMOIRE

Prendre la main : on dit qu'un cheval prend la main quand il durcit sa bouche et raidit son encolure, restant insensible aux actions de main du cavalier.
Suspension : position du cavalier en équilibre au-dessus des étriers, genoux fléchis, buste incliné en avant.
Transition : passage d'une allure à une autre, ou variations dans une même allure.

Galoper en suspension

Le galop assis est une allure confortable tant que l'on maintient une vitesse réduite. Mais dès que la foulée prend de l'amplitude, que ce soit en extérieur ou à l'obstacle, il est préférable de se mettre en équilibre sur ses étriers.

Bob Langrish

Kit Houghton

LA SUSPENSION : POUR AMORTIR LES MOUVEMENTS DU CHEVAL

La suspension est une position confortable qui permet au cavalier d'amortir par son équilibre et la souplesse de ses articulations les mouvements du cheval. Cela demande toutefois un certain effort musculaire...

LA BONNE POSITION

• Pour se mettre en suspension, le cavalier incline légèrement son buste en avant et soulève ses fesses de quelques centimètres au-dessus de la selle. Les genoux sont plus ou moins fléchis selon la longueur des étriers.

• Les étriers sont chaussés au tiers du pied et les talons sont tenus plus bas que la pointe. Les mollets sont au contact, les jambes « enveloppant » le cheval.

• Les fesses sont au-dessus des talons.

• Les jambes restent à leur place, légèrement en arrière de la sangle, et adhèrent aux flancs du cheval.

• Toutes les articulations du cavalier doivent rester souples et s'appliquer à suivre sans heurts les mouvements du cheval : hanches, genoux et chevilles jouent constamment. Les bras s'étendent et se replient pour accompagner le déplacement de l'encolure du cheval.

CONSERVER SON ÉQUILIBRE

La suspension permet au cavalier de conserver son équilibre et de rester en selle même lors de secousses importantes – comme celles que provoquent un galop rapide ou un saut. Le jeu des articulations absorbe les chocs.

La suspension donne une grande élasticité longitudinale au cavalier. Il peut étendre complètement les bras devant lui et incliner fortement le buste pour suivre l'extension de l'encolure au galop, en terrain varié ou à l'obstacle.

EFFICACITÉ

La suspension n'a pas pour seul but d'aider le cavalier à s'adapter aux mouvements :

BON A SAVOIR
Qu'est-ce que la suspension ?

On appelle « suspension » la position du cavalier en équilibre au-dessus de ses étriers, les fesses étant décollées de la selle. On peut marcher, trotter, galoper et sauter « en suspension ».

A NE PAS FAIRE

- Ne cherchez pas à rétablir un équilibre défaillant en vous accrochant aux rênes. Cela inflige une traction douloureuse à la bouche du cheval, qui risque de ralentir ou de se défendre en agitant la tête. Si vous ne trouvez pas votre équilibre, posez les mains sur le garrot en gardant les rênes ajustées.
- Ne vous « perchez » pas au-dessus de la selle en levant les fesses trop haut ou trop en arrière.
- Ne laissez pas vos jambes reculer, cela perturberait tout votre équilibre.

elle soulage également le cheval en dégageant son dos. Les jarrets sont également moins sollicités.

En suspension, le cavalier peut influencer fortement et rapidement l'équilibre de son cheval, aussi bien dans les courbes que dans les accélérations ou ralentissements.

La suspension permet donc d'épargner le cheval et d'améliorer ses performances. On l'utilise essentiellement à l'obstacle et en extérieur et, bien sûr, en courses !

COMMENT FAIRE ?

Vous avez déjà pratiqué la suspension, sans forcément l'appeler ainsi, lors de l'apprentissage du trot enlevé.

Un temps sur deux, vous vous êtes mis en équilibre au-dessus des étriers, à la fois pour mieux supporter les secousses du trot et pour soulager en partie le cheval dans son effort.

Kit Houghton

En monte américaine, on renonce tout à fait à l'idée de suspension. On reste bien calé dans sa selle. On sélectionne des chevaux aux allures confortables et on les exerce à développer des allures rasantes qui secouent peu le cavalier.

Kit Houghton

En extérieur, on utilise beaucoup la suspension pour s'adapter aux variations du terrain et soulager le cheval dans son effort. Et pour galoper à un bon train, c'est une position formidable !

Kit Houghton

Pour ralentir votre cheval en restant en suspension, redressez légèrement votre buste – sans vous rapprocher tout à fait de la verticale – en soutenant les mains.

Il vous suffit maintenant de maintenir cet équilibre plus longtemps. Exercez-vous au pas et au trot en prenant appui des deux mains, si nécessaire, sur le garrot.

FAUT-IL RACCOURCIR SES ÉTRIERS ?

En gros, la longueur des étriers est proportionnelle à l'importance des secousses attendues. A l'obstacle et en cross, on raccourcit ses étriers de plusieurs trous pour pouvoir amortir les sauts et les déplacements importants dus aux accidents du terrain et au train du galop.

Pour tout le travail courant en manège, les étriers sont réglés à peu près à la longueur du bras. Cela suffit pour trotter enlevé, car on se contente de s'élever légèrement au-dessus de la selle.

POUR COMMENCER

Pour galoper en suspension en manège, vous n'avez pas forcément besoin de raccourcir vos étriers. Toutefois, les premières fois que vous pratiquez la suspension, raccourcissez vos étriers de quelques trous. Vous vous sentirez plus à l'aise et vous percevrez mieux l'équilibre particulier à cette position.

Par la suite, chacun trouve la longueur qui lui convient pour chaque type de travail.

AU TRAVAIL!
Bon pour la forme

Lorsque vous êtes en équilibre au-dessus des étriers, votre position met fortement à contribution les muscles des cuisses et les fessiers... que l'on ne fait pas forcément beaucoup travailler dans la vie courante. Au lendemain des premiers exercices en suspension, il n'est pas rare de souffrir de sérieuses courbatures.

Rien ne vous empêche de faire chez vous quelques mouvements pour renforcer votre musculature.

Voici un exercice simple mais efficace : en équilibre sur la pointe des pieds, les jambes droites, les bras tendus de chaque côté au niveau de la poitrine, accroupissez-vous lentement, en ramenant les bras devant vous. Le dos doit rester droit et les genoux serrés. Remontez en écartant les bras. Soufflez en descendant, inspirez en remontant. A faire 12 fois... ou plus.

Kit Houghton

Les jockeys chaussent très court: ils ont presque les pieds au niveau du siège! Cette position sportive demande beaucoup d'équilibre et de pratique. Et elle ne permet pas d'avoir une assiette solide : si le cheval trébuche ou s'arrête brutalement, la chute est presque inévitable.

La sécurité en extérieur

La promenade est sans doute l'une des activités les plus agréables et les plus instructives pour le cavalier. Mais elle est aussi source d'émotions car, en extérieur, les risques sont plus nombreux et plus imprévisibles qu'en manège.

Bob Langrish

Pour les toutes premières sorties, il est souvent sage de tenir en longe le cheval du cavalier débutant.

Bob Langrish

VIGILANCE ET BON SENS

Lorsque vous sortez en promenade avec votre moniteur habituel, celui-ci prend en principe soin de votre sécurité. Mais vous devez respecter quelques règles de base.

LES DISTANCES

En extérieur, les chevaux préfèrent en général rester groupés : cela les rassure. En conséquence, lorsqu'un cheval s'éloigne du groupe parce qu'il traîne ou parce qu'il s'est mis à brouter un peu d'herbe, il a tendance à rejoindre ses congénères en prenant brusquement le trot ou même le galop sans se préoccuper des ordres que vous lui donnez. Vous risquez alors de perdre le contrôle de votre monture et, même, de tomber.

L'excitation étant communicative, les autres chevaux vont sans doute s'agiter eux aussi, déclenchant une débandade dangereuse. Empêchez donc votre cheval de prendre du retard : donnez des jambes pour qu'il accélère l'allure s'il prend du retard par rapport au groupe et empêchez-le de brouter.

A l'inverse, évitez de vous tenir trop près du cheval qui précède car il risque de botter s'il sent le nez de votre monture trop près de sa croupe : gardez au moins 1,50 m de distance au pas, un peu plus au trot.

NE RÊVEZ PAS

Sous prétexte que votre cheval suit celui qui marche devant, ne vous plongez pas dans

Bob Langrish

ATTENTION, DANGER !

Pas de casque, cheveux au vent, pantalons « pattes d'éléphant » qui peuvent s'accrocher aux buissons, baskets qui risquent de s'enfoncer et de se bloquer dans les étriers... les cavaliers en vacances oublient parfois les règles fondamentales de la sécurité. N'en faites pas autant, il y va de votre vie !

vos rêveries. Vous devez rester vigilant, car l'extérieur est, souvent, plein de surprises.

Tenez toujours fermement les rênes en les bloquant entre le pouce et l'index, même si elles sont longues. Restez tonique afin d'éviter les risques de chute en cas d'écart ou de démarrage brutal de votre cheval. Enfin, écoutez attentivement les indications du moniteur et, quand vous n'avez pas bien entendu ses propos, demandez qu'on vous les répète.

REPÉREZ LES DANGERS

En extérieur, on est toujours à la merci d'une surprise. Vous devez apprendre à

LE BON GESTE
Que faire quand le cheval broute ?

Les chevaux d'instruction recourent souvent à des techniques très efficaces pour échapper à l'autorité encore vacillante des jeunes cavaliers. Notamment quand il s'agit de brouter l'herbe du bas-côté. Beaucoup de chevaux arrachent brusquement les rênes des mains de leur cavalier en donnant un grand coup de nez vers le bas. Une fois qu'ils ont le nez par terre, le cavalier s'acharne en vain à essayer de leur faire remonter l'encolure par la force.

Pour y parvenir, donnez vigoureusement des jambes en tirant par petits coups secs sur les rênes. Vous pouvez aussi employer la cravache – une claque sèche derrière la jambe – mais gare au départ !

Bob Langrish

Il faut, pour longer une route ou la traverser, prendre des précautions particulières. Écoutez votre guide et ne laissez pas votre cheval s'écarter du groupe.

Sorrel

repérer les dangers potentiels. Ceux-ci sont de deux sortes :

• ceux qui risquent de blesser le cheval ou de vous blesser, tels que sols pierreux ou glissants, trous ou descentes abruptes, branches basses, buissons épineux, fils de fer barbelé, etc.

• ceux qui risquent d'effrayer le cheval et de provoquer fuite ou écart. Une bâche recouvrant un tas de foin qui claque au vent lorsque vous passez tout près, un sac plastique qui s'envole près de lui, la proximité d'une route passante, l'approche d'un véhicule, etc.

PARTIR EN BALADE

Vous êtes en vacances et vous avez envie de faire une balade à cheval avec le club voisin? Attention, tous les établissements ne sont pas sûrs...

UN TOURISME PEU SÛR

Dans les régions touristiques, de nombreux établissements proposent des promenades à cheval, même aux cavaliers débutants. Évidemment, la tentation est forte d'en profiter pour faire ses premières sorties. Mais, attention, ces établissements manquent souvent de sérieux. A vous de faire un bilan honnête :

– serez-vous capable de maîtriser le cheval en extérieur si la situation devient difficile ?

– les chevaux de l'écurie en question semblent-ils en bonne santé et bien éduqués ?

– les personnes responsables vous semblent-elles réellement dignes de confiance ?

En général, il vaut mieux s'adresser uniquement aux établissements affiliés à une délégation ou à une fédération équestres.

UNE TENUE ADAPTÉE

Monter à cheval en short ou en tenue de ville, c'est s'exposer non seulement à des moments très inconfortables, mais aussi à de vrais risques. Ayez toujours un pantalon adapté à l'équitation, portez des chaussures avec un talon (pas de baskets) qui empêchera le pied de s'enfoncer complètement dans l'étrier.

Attachez vos cheveux et ne portez pas d'écharpe ou tout autre accessoire flottant au vent qui risquerait de s'accrocher aux branchages ou aux boucles du harnachement en cas de chute. Enfin, ne montez jamais sans votre casque, même s'il fait 30 °C et que les autres cavaliers sont en tenue de plage.

LES ACCIDENTS DE TERRAIN

Montées, descentes, fossé ou tronc qu'il faut franchir : vous devez à la fois prendre soin de ne pas gêner le cheval, afin qu'il puisse s'équilibrer correctement, et garder le contrôle de votre propre équilibre. N'hésitez pas à attraper une poignée de crins pour affermir votre assiette et bien suivre le mouvement. N'abandonnez pas les rênes sur l'encolure, mais ne les ajustez pas excessivement pour autant : accompagnez bien les déplacements de la tête et laissez le cheval avancer le nez pour jauger la difficulté.

L'eau

Quand on randonne, on est toujours content de trouver de l'eau : pour faire boire les chevaux, pour les laisser patauger et se rafraîchir, pour se baigner soi-même ! Une bonne préparation à l'entraînement et quelques précautions élémentaires vous permettront d'en profiter pleinement.

Sorrel

L'EAU : UN BESOIN ET UN PLAISIR

La plupart des chevaux apprécient l'eau. Mais un cheval élevé au pré puis à l'écurie n'a pas toujours eu l'occasion de se familiariser avec cet élément aux reflets parfois déroutants. Amenez-le à découvrir les plaisirs de l'eau et à aborder avec confiance les gués.

UNE FAMILIARITÉ INDISPENSABLE

Que vous soyez un adepte de la randonnée ou un simple cavalier de loisir qui aime les balades, vous risquez d'être confronté au problème du franchissement d'une rivière ou même d'une flaque un peu importante. Familiariser le cheval avec l'eau est indispensable. Ce travail peut se faire à tout moment : il vous suffira de profiter des occasions qui vous seront offertes.

BARBOTER

Si le club auquel vous êtes rattaché possède un pédiluve, emmenez souvent votre cheval barboter. Laissez-le faire connaissance avec l'eau : flairer, tremper ses lèvres, taper du pied. Par beau temps, il prendra plaisir à ce rafraîchissement. Attention toutefois qu'il

Bob Langrish

Patauger est très amusant, mais prenez garde de ne pas mouiller votre tapis de selle (surtout s'il s'agit d'un pad américain très épais) ou, pire, votre duvet si vous êtes en randonnée.

A consommer avec modération
Quand il fait chaud, les chevaux doivent pouvoir se désaltérer fréquemment. Toutefois, s'ils viennent de fournir un effort important et qu'ils sont en sueur, ne les laissez pas ingurgiter des litres d'eau glacée. Faites-les boire très peu, puis marchez tranquillement ou attachez-les pour ramener le calme. Ensuite, eau à volonté !

Bob Langrish

ne se couche pas dans l'eau, surtout s'il est sellé et… si vous êtes dessus.

VARIER LES PLAISIRS

Le cheval s'accoutume très vite à un lieu. Essayez de trouver d'autres points d'eau où l'emmener en main ou monté. Habituez-le à franchir les flaques importantes aux trois allures et à entrer franchement, à la demande, dans un gué plus important. Mais évitez les sensations désagréables. Pas de bains glacés, d'éclaboussures importantes dans les yeux, les oreilles ou le nez, de fonds vaseux qui collent aux pieds.

SANS LE BOUSCULER

Il est normal que le cheval hésite à entrer à vive allure dans une mare ou une rivière large. Son instinct lui commande de flairer l'eau et de s'assurer d'un pied lent que le

Bob Langrish

A l'heure où elle est déserte, une grande plage de sable fin est un endroit rêvé pour piquer un bon galop.

Bob Langrish

LE COIN DU PRO
Préserver l'instinct

Franc, mais prudent : c'est la meilleure attitude que l'on puisse attendre d'un cheval qui est dans l'eau. Le dressage doit l'habituer à entrer dans l'eau à

Bob Langrish

votre demande, mais non l'amener à perdre les sains réflexes de méfiance qui garantissent sa sécurité… et la vôtre.

Entrez dans un gué avec des rênes assez longues pour laisser au cheval la latitude de flairer et de jauger l'eau par lui-même. Il sera plus franc et en confiance s'il se sent libre de ses mouvements.
Il frappe l'eau du pied et s'éclabousse le ventre : attention, l'étape suivante risque d'être un bain forcé. Si vous craignez que votre cheval se roule, relevez-lui la tête et donnez énergiquement des jambes.

A FAIRE, A NE PAS FAIRE

Il ne faut pas s'aventurer dans un gué ou une mare sans s'être assuré auparavant qu'ils ne présentent pas de danger.

• Le fond des rivières est parfois recouvert de gros galets très glissants, ou au contraire de pierres aux arêtes vives. Le cheval, avec ses fers, sera particulièrement peu à l'aise et risque de se blesser. Si le fond est au contraire vaseux et collant, pensez que le cheval pèse 300 à 400 kg : un enlisement est vite arrivé.

• Avant de traverser une rivière ou un torrent à gué, essayez d'estimer le point le plus profond et la force du courant. Les torrents de montagne peuvent monter brusquement pour peu qu'un barrage relâche des eaux. Soyez prudent !

• Si vous avez traversé un étang ou une rivière stagnante, pensez à vérifier que des sangsues ne se sont pas accrochées au ventre ou sur l'intérieur des cuisses du cheval.

fond ne réserve pas de mauvaises surprises. Ne le bousculez pas. S'il semble avoir peur, descendez, marchez vous même dans l'eau et laissez-lui le temps de se familiariser. Puis remontez et faites-le marcher au bord de l'eau. Quand le cheval paraît calme et en confiance, faites une boucle et entrez franchement, de face, dans le gué. Votre cheval finira par vous faire confiance et comprendre que l'eau est un jeu.

AVANT DE PARTIR EN RANDONNÉE

Pour le randonneur, l'eau se décline sous trois formes : la boisson du cheval (et éventuellement du cavalier), l'eau qui tombe du ciel et celle qui se met en travers du chemin. Ces trois aspects doivent être envisagés avant toute randonnée.

• Avant de partir, relevez sur la carte les points d'eau auprès desquels vous pourrez faire une halte pour rafraîchir le cheval et le faire boire. Attention, toutes les eaux ne sont pas potables.

• Notez les points où votre chemin croise une rivière. Est-ce un passage à gué ? La rivière ne risque-t-elle pas d'être en crue en cette saison ? Y a-t-il un pont et, si oui, peut-on le traverser à cheval ? Certains ponts sont prévus uniquement pour la circulation routière et la traversée à cheval risque de s'avérer délicate.

• N'oubliez pas de vous prémunir contre les intempéries !

Partager le plaisir de la baignade, quelle aubaine ! Attention aux doigts de pied...

L'attache en randonnée

En randonnée, le cavalier ne fait pas qu'avancer : il est bien agréable aussi de s'arrêter ! Il faut alors attacher son cheval de façon qu'il ne puisse ni s'échapper ni se blesser.

Sorrel

COMMENT ET OÙ ATTACHER SON CHEVAL ?

Si vous voulez être certain que votre cheval ne pourra ni se blesser ni s'échapper, vous devez choisir avec beaucoup de soin l'endroit où vous l'attacherez.

UN PROBLÈME DE SAISON

Tout d'abord, la saison vous guide : à l'abri du soleil l'été, sans quoi il risque le « coup de chaleur » ou insolation. C'est grave et ce serait dommage de devoir mettre fin à votre balade par une si belle journée ! L'hiver, choisissez un lieu à l'abri du vent et de la pluie. Mais, s'il fait froid, préférez l'attache au soleil !

LES DIFFÉRENTS POINTS D'ATTACHE

Quels qu'ils soient, les points d'attache doivent se trouver dans un lieu calme, où personne ne viendra tourner autour des chevaux. Ils doivent être situés loin des routes et de tout ce qui risque de surprendre et d'effrayer les chevaux (machines agricoles, ouvriers au travail, etc.).

Sorrel

1 L'ANNEAU

Si, par chance, il y a des anneaux d'attache, profitez-en. Un anneau doit se trouver à bonne hauteur (au moins à 1,30 m du sol). Plus il est haut, mieux c'est. Vérifiez qu'il soit solidement scellé au mur.

2 L'ARBRE

L'arbre peut constituer une bonne attache. Si vous le pouvez, attachez votre cheval à une branche qui se situe au-dessus de lui. Vous évitez ainsi les risques de prise de longe. Il est même difficile pour lui de tirer

Sorrel

ATTENTION, DANGER !

Le cheval qui tire au renard

Un cheval ne devrait pas être choisi pour randonner s'il tire à l'attache. C'est un manque d'éducation trop grave qui met tout le monde en danger. Cependant, voici quelques solutions qui ne l'éduqueront pas mais vous permettront de gérer le problème le temps de la randonnée.

- Mettez une ficelle de lieuse entre le point d'attache et sa longe. Ainsi, si le cheval tire, c'est la ficelle qui casse et non sa longe ou son licol.
- Utilisez une longe élastique, ce qui limitera la possibilité d'appui.
- Mettez une chambre à air entre la ficelle de lieuse et sa longe : vous cumulerez les deux avantages précédents.

Sorrel

au renard si l'idée lui en venait (il faudrait qu'il tire vers le bas !). Attention, attachés à un arbre, certains chevaux en grignotent l'écorce. Ce n'est, en général, pas dangereux pour le cheval, mais ça l'est pour l'arbre qui peut en mourir ! A surveiller donc... Si vous choisissez d'attacher directement au tronc, il faut vous assurer que la corde ne peut pas glisser vers le sol.

3 LA BRANCHE SOUPLE

C'est, en fait, une branche d'arbuste ou le tronc d'un petit arbre. Le cheval, tout en restant attaché, peut brouter tout autour. Excellente solution pour les pauses un peu longues pendant lesquelles le cheval est content lui

BON POUR LE MORAL

A l'heure du déjeuner, la matinée a déjà été laborieuse pour le cheval. Pour qu'il attaque l'après-midi avec entrain, faites en sorte qu'il puisse brouter et boire pendant la pause. Rien ne vous empêche de vous adresser à un agriculteur ou à un propriétaire de chevaux du coin pour utiliser un pré où attacher les chevaux ou pour acheter un peu de foin. Bien sûr, vous prendrez la précaution de ranger et de nettoyer avant de repartir.

Sorrel

Sorrel

BON A SAVOIR

Laissez à votre cheval son espace vital. La bonne distance : à deux mètres d'un autre cheval. Trop près des autres à l'attache, il se sentirait menacé et une bagarre pourrait survenir. Il vaut mieux ne pas prendre ce risque.

Une attache basse ou, pire, une longe qui traîne à terre, sont dangereuses : le cheval peut s'entraver ou marcher sur la longe. Mais il est vrai que dans certaines régions à végétation très rase, il n'est pas facile de trouver un point d'attache au-dessus du sol.

Sorrel

aussi d'avoir un petit « casse-croûte ». Attention, là aussi, qu'il n'attaque pas l'écorce : ces petits arbres sont fragiles !

4 LA LIGNE D'ATTACHE

C'est la solution des vrais « pros » de la randonnée, qui ne partent jamais sans une corde (qui sert à tout !) lorsqu'il y a plus de chevaux que de possibilités d'attaches naturelles. Entre deux arbres éloignés de plusieurs mètres, tendez une corde bloquée à une extrémité par un nœud « double-dutchman », à l'autre par un nœud de cabestan.

Tout au long de cette corde, faites des boucles à l'aide de « nœuds de ligne ». Cette ligne d'attache doit être assez haute, elle peut même être située au-dessus des chevaux.

A ÉVITER

- Attacher à un grillage.
- Attacher à un arbre toxique : if, laurier-rose, etc. Il suffit de 100 g d'if pour tuer votre cheval.
- Attacher à un arbre mort ou à une barre d'attache peu sûre.
- Attacher deux chevaux au même point d'attache.
- Attacher par les rênes.

LE COIN DU PRO

En randonnée, les chevaux peuvent garder le licol sous les montants de filet et leur longe autour du cou, attachée soit par un nœud de chaise, soit par un nœud d'encolure non coulissant. Ainsi, il est facile de s'arreter et d'attacher son cheval sans devoir chaque fois sortir le licol des sacoches ou débrider.

LE NŒUD D'ATTACHE DE RANDONNÉE

Un nœud d'attache doit avoir deux qualités : il ne doit pas pouvoir se défaire tout seul ; un geste rapide du cavalier doit suffire à libérer le cheval.

Les croquis ci-dessous vous montrent comment faire un nœud qui retiendra votre cheval tout en lui assurant une bonne sécurité. Ce nœud est valable pour tous les supports : tronc et branche d'arbre, barre d'attache, anneau, etc. Pour libérer le cheval, il suffit de tirer sur l'extrémité libre.

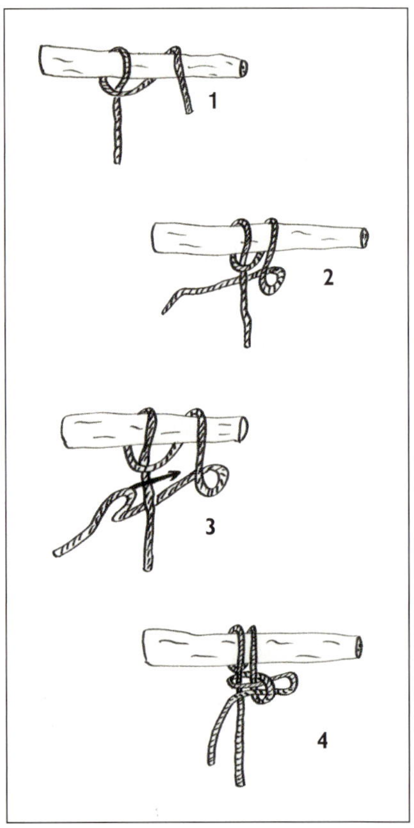

Le rythme de marche : gestion d'une étape

Passer plusieurs jours dans la nature avec son cheval... un rêve ! Vous êtes prêt à partir. Mais quel rythme tenir pour que votre cheval arrive chaque soir frais et dispos, afin que l'aventure ne se termine pas le premier jour par épuisement de votre monture ?

Sorrel

DES SECRETS POUR ALLER LOIN

Une étape d'une journée varie entre 15 et 50 km. Cette variation s'explique par le niveau des cavaliers, le niveau d'entraînement des chevaux, la difficulté du terrain, la durée de la randonnée, la météo, etc. Pour que votre monture rentre de la randonnée fraîche comme un gardon, voici quelques bons trucs.

1 UN KILOMÈTRE À PIED...

La première journée permet de se mettre en jambes. Vous ferez donc une étape plus courte que les jours suivants. Il y a d'ailleurs de fortes chances pour que vous soyez partis assez tard le matin. Faites le premier kilomètre à pied, cheval peu sanglé. La selle et le matériel se mettront en place, votre cheval se dérouillera les jambes et les muscles du dos avant de vous porter.

1

2

LE BON GESTE
Marchez !

N'hésitez pas à mettre pied à terre chaque fois que vous en avez envie. Cela soulagera vos articulations. Mais, surtout, pensez-y quand la côte est longue, le terrain difficile ou caillouteux. Les articulations de votre monture sont aussi fragiles que les vôtres !

Kit Houghton

BON POUR LE MORAL

Faites des allures !
Marcher uniquement au pas n'est pas forcément ce qu'il y a de mieux pour le cheval. Au pas, il finit par s'ennuyer. S'il est en bonne condition physique, il a besoin de trotter et de galoper. Sans paquetage, un cheval bien dressé peut tenir l'allure sur plus d'un kilomètre si le terrain s'y prête.

Sorrel

AU TRAVAIL!
Choisir l'étape et déterminer les allures

Vous devez décider honnêtement du nombre d'heures que vous et vos compagnons de route pourrez passer en selle. Emportés par l'enthousiasme, vous risquez d'en prévoir trop. En général, cinq heures en selle représentent une bonne étape. Vous parcourrez alors en moyenne 25 km dans la journée.

Sur la carte, vous allez observer des différences importantes de terrain : ici, la pente semble forte, vous marcherez au pas, c'est certain. Là, le terrain a l'air plat, vous vous trouverez au milieu des champs ou dans une forêt ; pas de virages serrés : vous pourrez sûrement galoper. En procédant ainsi, vous saurez à l'avance quelles allures vous pourrez adopter. Attention ! Dans certaines régions, le galop est possible toute la journée ! Il faut alors penser que votre cheval vous porte et que ce n'est pas un marathonien !

2 AU PAS

Resanglez. Mettez-vous en selle et prévoyez de faire au pas les premiers kilomètres... même si ce grand galop qui s'offre à vous est tentant. Ensuite, dès que le terrain le permet, n'hésitez pas à trotter.

3 TROUVER SA PLACE

Pendant le premier trot, observez bien le comportement des chevaux, qui vont choisir leur place selon une hiérarchie précise. Il y en a forcément une dans le groupe où votre monture se sent bien. Repérez-la et vous serez tranquille pour le reste de la randonnée, à moins, bien sûr, que votre cheval soit capable d'obéir et de rester

Sorrel

Sorrel

ATTENTION, DANGER !

La nature du terrain peut faire varier du simple au triple le temps nécessaire pour couvrir une étape. Sur un chemin connu, vous gagnez beaucoup de temps par rapport à une route que vous découvrez au fur et à mesure. En montagne, on avance beaucoup moins vite qu'en plaine, où les allures peuvent être plus soutenues. Il faut donc bien observer la carte avant de partir et estimer le temps et les efforts nécessaires pour ne pas se faire surprendre par la nuit.

calme qu'il soit devant, au milieu ou derrière.

4 LA PAUSE DE MIDI

A l'heure du déjeuner, la coupure sera appréciée autant des cavaliers que des chevaux. Le lieu choisi doit permettre d'attacher votre cheval dans un endroit frais en été, abrité en hiver, et de le faire boire. La durée de l'arrêt dépend de la longueur de l'étape du matin, de sa difficulté, de la météo et du chemin restant à parcourir. Cette pause est impérative. Pas question de la supprimer, sous peine de voir les chevaux perdre leur énergie et leur moral !

5 L'ARRIVÉE

A un kilomètre environ de l'arrivée, vous devez descendre de cheval et dessangler d'un ou deux trous. Cela vous dégourdira les jambes et fera beaucoup de bien au dos de votre cheval. Vous aurez ainsi toutes les chances d'éviter les gonfles (l'équivalent des « ampoules » chez les humains), qui vous empêcheraient de repartir le lendemain.

6 LES JOURS SUIVANTS

Le matin et le soir, la procédure reste la même : cavalier à pied sur un kilomètre. Si la randonnée doit durer plus de cinq jours, il est bon de prévoir une journée de repos complet au milieu. En été, profitez-en pour en faire un vrai jour de vacances : par exemple, trouvez un endroit pour vous baigner à cru avec votre cheval ! C'est une expérience inoubliable !

LE COIN DU PRO

Estimer le temps

Comptez sur une moyenne de 5 km/h. Pour couvrir 25 km, il faudra environ 5 heures de selle. Ajoutez à cela les arrêts pour causes diverses : Arthur a perdu son chapeau, Mimi veut faire pipi, oh ! la belle église, Antoine a faim, on est perdus... En ajoutant le temps du déjeuner, 7 heures au moins vous seront nécessaires. Avec le travail de préparation du matin et du soir, voilà une journée bien remplie !

BON A SAVOIR

Un cheval en bonne condition physique peut porter au maximum 25 % de son poids. Le mieux est de le peser (on trouve des balances chez certains agriculteurs ou dans les villages) et de bien estimer sa charge. Vous éviterez l'apparition de certains problèmes malheureusement fréquents : mal de dos, fatigue excessive, etc.

Sorrel

Trucs et astuces de randonneur

S'il devait emporter tout ce qui peut lui être nécessaire, le randonneur aurait deux chevaux de bât et un budget aussi lourd que son paquetage ! Tout prévoir, s'adapter à chaque cas de figure : voici quelques-uns des trucs qu'utilisent les professionnels de la randonnée.

Kit Houghton

PARTIR LÉGER, MAIS TOUT PRÉVOIR

Le randonneur est prévoyant. Avant de partir, il a envisagé toutes les situations. Il emporte des objets qui peuvent servir à tout. Chacun de ces objets doit avoir au moins un double usage pour être digne de faire partie du paquetage.

LA SANTÉ DU CHEVAL

Un cheval doit boire régulièrement, faute de quoi son état se dégrade rapidement. Parfois, il y a une rivière ou un point d'eau, mais il peut être impossible au cheval de s'en approcher pour boire. Votre chapeau de randonneur vous tirera d'embarras : il suffit de le remplir pour que votre cheval puisse se désaltérer. Vous pouvez aussi utiliser un sac en toile imperméabilisée. Peu encombrant, ce sac vous sera utile à toutes sortes de choses : panier à commissions, mesure de ration, pansement compressif, entraves, etc. Il suffit d'avoir de l'imagination !

L'IMPORTANCE DU SEL

En transpirant, votre cheval perd beaucoup de sel. S'il vous lèche, c'est parce que votre peau est salée de transpiration. Il est pourtant impossible de transporter une pierre à sel. Le soir, à l'étape, demandez au gîte une poignée de gros sel et ajoutez-la à la ration. Si vous bivouaquez, détournez une partie du sel de cuisine ! Grâce à cette substance, le cheval boira plus, il retiendra mieux l'eau et, par conséquent, se réhydratera mieux. C'est aussi, pour lui, un petit plaisir car il aime le sel.

UNE BLESSURE DUE À LA SELLE

Cela ne devrait pas arriver. Mais voilà, une erreur de préparation le matin a provoqué une gonfle ou, pire, une écorchure au dos de votre cheval. Une fois que vous l'avez dûment soignée, il faut éviter que le matériel ne frotte à cet endroit. Alors, au diable l'avarice : vous allez créer dans le tapis une « fontaine ». Découpez votre tapis pour y ménager un trou exactement à l'endroit de la blessure. Plus de frottement, plus de problème !

LE FERRAGE

Pendant la randonnée, les fers s'usent beaucoup. Ils deviennent minces, en pince et glis-

LE BON GESTE

Il faut bien l'avouer, la plupart des ennuis surviennent par manque de prévoyance et d'expérience. Pour apprendre à ne pas se laisser surprendre, le mieux est de randonner avec un « vieux routard ». Tous les trucs et astuces ne sont pas dans les livres, mais il existe une tradition orale, un savoir communiqué de randonneur à randonneur ! Notre conseil : trouvez des randonneurs chevronnés et demandez-leur de vous accepter parmi eux lors de leurs sorties.

Il vous reste tant de chemin à faire par monts et par vaux, et le montant du filet a cédé. Heureusement, un truc de randonneur va vous tirer d'affaire !

Sorrel

Kit Houghton

sants, car les têtes des clous sont usées. Pour éviter cette usure, demandez à votre maréchal de mettre des pointes de tungstène. Elles permettent également de mieux accrocher sur des surfaces comme le goudron. Attention, il ne faut pas ferrer ainsi toute l'année, car ces pointes gênent le glissement naturel du pied et peuvent entraîner, à terme, des problèmes tendineux.

L'HIVER, LA NEIGE...

Lorsqu'il y a de la neige, un bloc de glace se forme sous le fer du cheval. Il est certes possible de prévoir un ferrage spécial, mais il est assez onéreux et peu rentable dans les

Sorrel

BON A SAVOIR

Il suffit que le cheval subisse une perte d'eau de 2 % pour perdre 20 % de ses forces ; 4% pour en predre 40 %... imaginez à quel point abreuver, même dans un chapeau, est important !

régions où la neige est plutôt rare. En randonnée, vous risquez donc de vous trouver bloqués à cause de la neige alors que le soleil vous tend les bras.

Une façon simple et peu coûteuse de résoudre ce problème consiste à découper un morceau de caoutchouc épais à la forme du fer, puis de le rentrer en force sous les bords du fer. Légèrement bombé, il expulsera la neige au fur et à mesure de votre progression !

LUTTER CONTRE LES COUPS DU SORT

Le véritable accident capable d'arrêter un randonneur est heureusement rare. Pour ne pas vous trouver bloqué par des petits ennuis, voici quelques autres trucs utiles.

LA RÊNE A CASSÉ

Pas de panique ! Pour la réparer, il suffit d'un couteau bien aiguisé. Faites une fente dans chaque extrémité, puis assemblez les

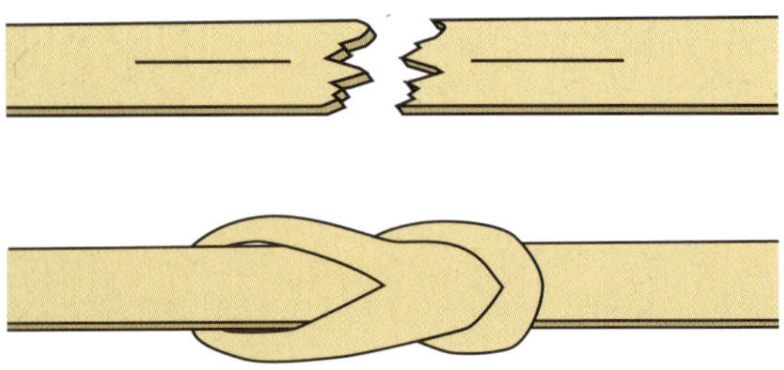

deux morceaux comme sur le schéma cidessous. Bien entendu, si vous avez emporté de quoi coudre le cuir, il est préférable de réaliser une réparation définitive le soir à l'étape.

PLUS DE MONTANT DE FILET, QUE FAIRE ?

Pour une raison connue de vous seul – peut-être... – le montant de filet a rendu l'âme. Vous pouvez, avec un double-snap, un licol, de la ficelle et... un peu de malice, fabriquer un montant honorable pour aller au moins jusqu'à l'étape, voire finir votre randonnée.

Pour commencer, démontez le mors du filet cassé. Placez ensuite le licol sur le cheval et ajustez-le correctement en évitant que la sous-gorge soit serrée.

Fixez une extrémité des double-snaps au mors. Il faut fixer l'autre extrémité aux anneaux du licol les plus hauts. Si le snap n'est pas suffisant, faites une rallonge avec de la ficelle.

LE COIN DU PRO

Outre les trousses de secours indispensables – pharmacie, maréchalerie –, la carte, la boussole, ses papiers et de l'argent, le randonneur s'équipe de ses sacoches.

Sorrel

Il emporte, même pour une promenade d'une journée : un bon couteau, de la ficelle, des petites lanières de cuir, de l'eau, des snaps, un briquet, une corde plus ou moins longue. Avec ces objets, il fera face à de nombreux petits incidents.

Sorrel

ÉQUIPEMENT ET CONSEILS TECHNIQUES

Tracer sa route : utiliser la carte sur le terrain

Après avoir bien étudié l'art de vous servir d'une carte topographique en salle, vous voici à pied d'œuvre ! Soudainement, ce qui semblait facile ne l'est plus du tout. Après la théorie, voici l'aspect pratique.

Bob Langrish

DE LA CARTE AU TERRAIN : DE LA THÉORIE À LA PRATIQUE

Tant qu'il s'agit de repérer les routes et les grands chemins, tout va bien. Mais randonner à la carte demande beaucoup plus que ça. Parfois, même, il faudra savoir se détourner sans se perdre, car certains chemins figurant sur la carte ont disparu, d'autres sont apparus !

LE MATÉRIEL

Choisissez une carte topographique au 1/25000. C'est la seule échelle valable pour avoir suffisamment de détails du terrain et se repérer correctement. Partez sur le terrain avec une carte protégée par un porte-carte. Ainsi, en cas de pluie ou d'autres incidents, vous conserverez intact votre seul moyen d'arriver à bon port !

Vous avez à suivre un itinéraire que vous

A FAIRE

Si vous avez un doute, ne persistez pas. Arrêtez-vous, assurez-vous de la bonne direction. Sortez la boussole, revenez en arrière, vérifiez que tous les détails correspondent. Mieux vaut perdre 10 mn que de se perdre complètement !

A quelle distance se trouve le village ? On reconnaît une maison, sans pouvoir dire exactement à quoi elle ressemble : la distance se situe entre 2 et 3 km !

Bob Langrish

aurez surligné au feutre fluorescent, de façon claire et précise. N'oubliez pas de vous munir d'un feutre fluorescent de couleur différente, pour marquer les éventuelles modifications que vous ferez en route.

N'oubliez pas non plus la boussole, que vous pourrez vous mettre autour du cou, pour vous en servir sans risquer de la perdre. Vous êtes prêt !

TENIR LA CARTE

Pour débuter, le mieux est d'orienter la carte vers le nord. Avec la boussole, vous déterminez où se trouve le nord magnétique.

Il suffit alors de mettre le haut de la carte dans la direction du nord. Rappelons à ce sujet que les cartes sont toujours tracées en ayant le nord vers le haut.

Elles indiquent en fait le nord géographique. Mais, compte tenu des petites distances qui nous intéressent, nous ne tiendrons pas compte de la différence.

Au fur et à mesure de votre progression, gardez la carte toujours orientée dans cette direction, qui correspondra ainsi à la réalité de vos déplacements.

Bob Langrish

C'EST PARTI !

Repérez bien, sur la carte, l'endroit d'où vous partez. Attention, une erreur de 1 cm sur la carte, c'est 250 m sur le terrain ! A partir de maintenant, vous devrez anticiper, pour ne pas être obligé de vous arrêter à chaque croisement. Vérifiez régulièrement que vous avancez dans la bonne direction. En effet, il se peut que vous ne soyez pas sur le bon chemin, et la boussole finira par vous en convaincre !

LES POINTS DE REPÈRE

Notez avec soin tout ce que vous êtes supposé voir en progressant. La croix au bout de ce chemin, le hangar à 200 m de l'embranchement, le point de captage d'une

Bob Langrish

Rivières et points d'eau sont des repères que l'on ne peut manquer. De surcroît, le sens du courant vous indique si vous marchez vers l'amont ou vers l'aval.

BON POUR LE MORAL

Emporté par l'enthousiasme, tenté par le magnifique chemin au sol si moelleux, vous voilà parti au galop ! Et vous ratez l'embranchement qui devait vous emmener chez Tonton Paul ! Ne vous privez surtout pas du plaisir de faire des allures. Simplement, avant de démarrer, étudiez la carte, vous saurez exactement la distance à laquelle se trouve l'embranchement recherché. Il suffira de garder l'œil ouvert. Vous pouvez même faire semblant de le rater, juste pour profiter du terrain, et revenir sur vos pas !

source, le ruisseau à traverser... Autant d'indications qui permettent de s'assurer que l'on avance dans la bonne direction.

SOYEZ ATTENTIF À LA PENTE

Sur la carte, les courbes de niveau vous indiquent si le chemin monte ou descend, et selon quel pourcentage. Sur le terrain, vous devez retrouver cette réalité. Cette information est au moins aussi précieuse que la direction que donne la boussole. Les deux doivent correspondre. Si vous descendez alors que vous devriez monter, il faudra forcément faire marche arrière !

ESTIMER LES DISTANCES PARCOURUES

Il n'est pas toujours facile de savoir si l'on a parcouru un ou trois kilomètres. Cette donnée est pourtant essentielle si l'on veut se repérer sur la carte.

UN EXERCICE UTILE

Faites l'exercice suivant : mesurez une distance (en voiture ou entre deux bornes kilométriques d'une route). Parcourez-la avec votre cheval au pas, au trot, au galop. Vous saurez qu'il vous faut, par exemple, 20 secondes pour faire 100 m au trot. Attention, cela varie selon le cheval. Vous devez établir la mesure pour vous-même. Quand vous aurez besoin de connaître une distance, il vous suffira alors de regarder votre montre avant et après la distance parcourue !

Bob Langrish

Endurance, TREC ou randonnée : savoir se servir d'une carte est la base pour qui veut pouvoir aller loin avec son cheval !

DIS, C'EST ENCORE LOIN ?

« On fait la pause casse-croûte au village que vous voyez là-bas ! » Bien, mais à quelle distance se trouve ce village ? En clair, le casse-croûte, c'est pour quand ? Voilà un moyen d'estimation de la distance, que vous traduirez facilement en temps :

• moins de 200 m : vous voyez l'eau de la fontaine couler, vous distinguez le détail des arbres (feuilles, branches), le détail des bâtiments (fenêtres, portes) ;

• moins de 1 km : vous apercevez la fontaine, les arbres vous apparaissent sous la forme de deux masses (tronc et branchage), vous voyez suffisamment l'église pour la dessiner dans ses formes générales (ouvertures, clocher et croix) ;

• moins de 3 km : vous reconnaissez distinctement les choses : arbres, maison ou ferme, église, sans pouvoir dire à quoi ils ressemblent exactement ;

• enfin, à plus grande distance, tout se noie dans la masse.

AIDE-MÉMOIRE

Nord magnétique : nord indiqué par l'aiguille de la boussole, défini par la nature.

Nord géographique : point de rencontre des méridiens, défini par l'homme.

Orienter la carte : faire correspondre le nord de la carte avec le nord du terrain indiqué par la boussole.

Échelle au 1/25000 : 1 cm sur la carte pour 250 m sur le terrain (4 cm pour 1 km).

Alimenter le cheval en randonnée

Les besoins du cheval qui travaille six ou huit heures par jour diffèrent beaucoup de ceux du cheval de sport, car il fournit des efforts quotidiens longs et réguliers. Afin de les satisfaire, l'approvisionnement en nourriture demande au randonneur beaucoup d'organisation.

Kit Houghton

POUR ALLER LOIN...

Connaître son cheval, évaluer ses besoins en quantité et en qualité, bien s'organiser... mieux vaut prévenir que guérir. En randonnée, les erreurs en matière d'alimentation se paient cher et pendant longtemps !

CALCULER LA RATION NÉCESSAIRE

La randonnée est considérée comme un travail moyen. Il faut donc ajouter à la ration d'entretien 0,5 UFC par heure de travail. Un cheval de 450 kg travaillant 6 heures devra donc recevoir :

0,85 X 4,5 pour l'entretien et 0,5 X 6 pour le travail, soit 6,825 UFC.

Cela représente, par exemple, 8 kg de foin, 2 kg d'orge, 1 kg de maïs. L'avoine, échauffante, n'est pas recommandée mais peut être utilisée en petite quantité.

L'HERBE

Le pâturage est la façon la plus simple, la plus économique et la plus naturelle d'alimenter votre cheval. Facile à trouver à la bonne saison, l'herbe a l'avantage de bien hydrater le cheval, qui ne boit jamais assez en randonnée.

Elle a cependant ses limites. Il faut trouver une herbe suffisamment riche, et abondante. Pour subvenir à ses besoins, un cheval doit brouter de 12 à 18 heures par jour : impossible en randonnée, d'autant

BON A SAVOIR

Pour faire pâturer en toute sécurité un cheval lorsqu'on dort en pleine nature, les entraves sont une bonne solution. Elles permettent au cheval de brouter et de se déplacer un peu. Elles sont faciles à transporter dans les sacoches. Mais attention, elles doivent impérativement être enseignées au cheval... bien avant la randonnée !

Une petite clôture électrifiée permet de laisser les chevaux brouter librement pendant la nuit. Mais, pour l'emporter, il faut une voiture d'intendance ou un cheval de bât.

Sorrel

AIDE-MÉMOIRE

Un cheval à l'entretien consomme 0,85 Unité Fourragère Cheval (UFC) par jour pour 100 kg de poids vif. La ration doit lui apporter 70 g de Matières Azotées Digestibles Cheval (MADC) par UFC.
L'eau et le sel sont essentiels. A défaut de pierre à sel, ajoutez un peu de gros sel dans la ration du soir. Le cheval boira mieux et améliorera son hydratation.

Sorrel

plus qu'après une bonne journée de marche, il a besoin de se reposer et ne peut brouter toute la nuit.

Le pâturage est donc insuffisant pour le cheval de randonnée. Un complément est indispensable.

ALIMENTS COMPLETS ET CÉRÉALES

En randonnée, la ration de grains est à partager en deux repas, le matin et le soir. Elle apporte le complément en UFC dont le cheval a besoin. Contrôlez la date de péremption, la qualité du stockage, l'absence totale de moisissure. S'il s'agit d'aliments complets, assurez-vous que ce sont bien des granulés destinés aux chevaux.

Si vous donnez des céréales, préférez l'orge. Le maïs ne doit pas être donné en quantité importante. Évitez l'avoine.

LE FOIN

Si le pâturage n'est pas possible ou qu'il est trop limité, il faut trouver du foin de bonne qualité. La fibre qu'il apporte est indispensable à la bonne digestion des céréales ou des granulés. C'est un lest. Prévoyez 5 à 8 kg de foin par cheval et par jour. Si le gîteur vous en propose – c'est formidable – assurez-vous qu'il est de bonne qualité.

S'ORGANISER

Une solide organisation vous permettra d'assurer l'alimentation nécessaire en cours de route.

EN GÎTE

Si vous dormez dans des gîtes, demandez aux gîteurs de quels types d'aliments ils dis-

Kit Houghton

Ne manquez jamais une occasion de faire boire votre cheval. La déshydratation arrête un cheval bien plus vite que la faim ! S'il lui manque 2 % d'eau, il perd 20 % de ses moyens.

LE COIN DU PRO
Savoir « lire » le cheval

Votre cheval boit-il assez, mange-t-il assez ? Certains signes doivent vous alarmer :

- le creux de soif, près de la pointe de la hanche, montre un début de déshydratation ;
- le manque d'élasticité de la peau : la peau de l'encolure pincée ne reprend pas instantanément sa place.
- les flancs levrettés indiquent que le cheval n'est pas assez nourri.

Sorrel

Le cheval de bât permet l'autonomie en randonnée.

posent. Sur certains circuits, vous trouverez les mêmes aliments concentrés chez chacun.

Si vous avez le moindre doute sur la qualité ou sur l'adéquation de l'aliment aux besoins de votre cheval, et si vous voulez parer à toute éventualité, vous devrez disposer de vos propres aliments.

TOUT PRÉVOIR

Pour cela, deux solutions s'offrent à vous : soit vous les déposez dans les gîtes lorsque vous organisez la randonnée, soit vous disposez d'une grosse voiture d'intendance. Ou encore, dans le cas d'une randonnée en autonomie totale, vous transportez ces aliments sur un cheval de bât.

Vous devez impérativement disposer de foin ou de pâtures pour la nuit. On ne peut pas nourrir un cheval en randonnée uniquement avec des granulés. Sans le lest, la digestibilité desdits granulés est considérablement réduite et le cheval perdra de l'état très rapidement. Il est exceptionnel qu'un gîteur ne puisse en fournir.

LE BON GESTE

La distribution de grain permet aussi de vérifier que le cheval s'alimente. Un problème de santé se manifeste souvent par une perte d'appétit.

Sorrel

L'organisation du paquetage

Quand vous avez bien préparé ce que vous devez emporter pour faire face à toutes les situations au cours de votre randonnée, votre tâche est encore loin d'être achevée. En fait, le plus dur reste à faire : l'ensemble doit tenir sur le cheval !

Sorrel

LE BON PAQUETAGE

Un bon paquetage assure le confort du cheval, le bon état du matériel et permet au randonneur d'accéder à ce dont il a besoin sans tout défaire à chaque fois.

S'ÉQUIPER POUR FIXER LE PAQUETAGE

En bon randonneur, équipez-vous d'une selle couvrante : c'est essentiel du point de vue du paquetage. Utilisez un tapis de randonnée relativement épais, qui descende assez bas de chaque côté de la selle et qui couvre le rein. Selle et tapis protégeront le cheval du contact du chargement.

Pour pouvoir fixer toutes sortes d'objets, faites équiper votre selle de lanières à l'arrière et à l'avant, et d'autant d'anneaux que possible. Il suffit de vous adresser à votre sellier qui réalisera les aménagements nécessaires.

Munissez-vous de lanières indépendantes, de sacs plastiques et de ficelles de lieuse : en cours de route, ce sont des accessoires qui rendent de multiples services.

Le cordage, très utile lors des bivouacs, se fixe par une lanière indépendante à l'avant de la selle.

Sorrel

A L'ARRIÈRE

Dans les sacoches arrière, on place tout ce qui ne sert que le soir à l'étape, car leur contenu n'est pas le plus facilement accessible.

Mettez au fond ce que l'on utilise le moins fréquemment et qui n'est pas fragile : pharmacies, nécessaire de maréchalerie, de bourrellerie, etc.

Dessus, rangez vos vêtements, d'abord les moins utiles – pantalon de rechange, pull de secours –, puis ce que vous utilisez quotidiennement : vêtements du soir, espadrilles, trousse de toilette, pull.

LE COIN DU PRO

Les grands randonneurs inventent parfois des systèmes de fixation très personnels. Ces « McGyver de la randonnée » emportent, par exemple, une tente ou une clôture électrique sans que le cheval en soit dérangé.

Rien ne vous empêche d'inventer vos propres systèmes de fixation et de demander à votre sellier de les réaliser.

Sorrel

Entre ces deux couches, mettez, bien calée, la nourriture, en emballant avec le plus grand soin ce qui risque de couler.

Petites culottes et chaussettes servent à caler le tout et à boucher les trous.

A L'AVANT

Les sacoches avant se fixent sur les anneaux avant de la selle par des lanières et ne doivent pas reposer directement sur la peau du cheval – à moins qu'elles aient été conçues pour cela. Elles ont une forme allongée et sont plus étroites que les sacoches arrière.

On y glisse tout ce qui est de forme allongée – cartes, torche, certaines gourdes. Pla-

Sorrel

Les sacoches doivent être plaquées contre le cheval afin qu'elles ne ballottent pas – ce qui gênerait votre monture et pourrait abîmer ce qu'elles contiennent. Si une fixation latérale n'est pas possible, reliez-les par une sous-ventrière.

LE BON GESTE

Même si vos sacoches sont garanties imperméables, l'eau a la fâcheuse manie de se faufiler partout, en particulier par les coutures. Pensez bien à doubler les sacoches de sacs en plastique (les sacs poubelles font merveille), afin que même une pluie continue ne puisse mouiller ce qu'elles contiennent.

cez-y également les gants, les chiffons et autres accessoires dont vous pourriez avoir besoin lorsque vous êtes en selle : porte-monnaie, papiers d'identité, petits en-cas, mouchoirs en papiers, etc.

PRATIQUE : LES SACOCHES DE CORNE

Sur une selle possédant une corne, vous pouvez ajouter de petites sacoches supplémentaires. Le pont qui les relie est percé d'un trou qui permet de l'enfiler sur la corne. Leur contenance est comparable à celle d'un vide-poche. Elles sont très utiles pour les toutes petites choses qui encombrent les poches et qui restent, ainsi, facilement accessibles.

CE QUI NE TIENT PAS DANS LES SACOCHES

Il y a des choses qui ne rentrent pas dans les sacoches : duvet, cordage, gourde, en particulier, doivent être fixés sur la selle... mais il faut qu'il reste assez de place pour vous asseoir !

Sorrel

BON A SAVOIR

Lorsque vous réalisez votre chargement, vous devez garder présent à l'esprit que le cheval ne doit pas en souffrir.

Deux points principaux sont à prendre en considération.

- Le poids du chargement doit être le même à gauche et à droite. Si une sacoche droite pèse trois kilos, la sacoche gauche doit peser trois kilos elle aussi, à 100 g près.

- Rien ne doit ballotter ou frotter contre les flancs, le dos ou les épaules du cheval.

LE DUVET

Les duvets modernes sont légers et peu encombrants. Certaines sacoches possèdent, sur leur pont, une poche spéciale pour le duvet. Dans le cas contraire, prévoyez deux lanières que vous fixerez à l'arrière de la selle, aux anneaux du troussequin, et qui vous permettront de « ligoter » le duvet.

Pensez à placer le duvet dans un sac étanche et solide. C'est un équipement qui ne supporte pas d'être mouillé, même légèrement !

LA GOURDE

Une gourde dans une sacoche prend beaucoup de place, et son poids, à la fois important et variable, déséquilibre le paquetage. Certaines gourdes sont prévues pour être directement fixées à l'avant de la selle : c'est l'idéal. Il est alors facile de boire sans descendre de selle.

LE CORDAGE

Bien roulé, formant une roue d'un diamètre d'environ 40 cm, le cordage se fixe par une lanière elle-même prise sur un anneau en haut et en avant de la selle. Il repose sur les sacoches avant si la selle en est équipée.

Il est peu encombrant et a, en outre, l'avantage, grâce à son attache indépendante, de pouvoir n'être détaché qu'en cas de nécessité.

Confort par tous les temps

Qu'il pleuve, qu'il vente ou qu'un soleil de plomb vous assomme, les chevaux ont besoin de sortir ! Le cavalier doit donc s'équiper pour affronter sereinement la balade dans le vent de janvier comme sous le soleil d'août.

Sorrel

LE FROID ET LA PLUIE

Chevaucher sous la pluie et dans le vent peut vite tourner au cauchemar pour qui s'est habillé avec insouciance.

CONSEIL DE NORMAND

Lorsque l'on envisage de monter en extérieur dans une région pluvieuse comme la Normandie ou l'Irlande, il faut prévoir un équipement en conséquence. Le mieux est de disposer d'un véritable imperméable d'équitation.

Amples et coupés spécifiquement pour l'équitation, ces vêtements recouvrent bien les cuisses du cavalier et la selle. Ils sont en outre pourvus de fentes et de plis d'aisance qui correspondent parfaitement aux besoins des cavaliers.

Les larges pans de ces imperméables sont maintenus contre les jambes par une lanière plate. Sans cette fixation, le vêtement battrait au vent.

DES CHAPS CONTRE LA PLUIE

Vous pouvez vous contenter d'une sur-veste ou d'un blouson imperméable sous une averse brève, mais s'il pleut fort et longtemps, vos cuisses seront trempées et l'eau ruissellera dans vos bottes. La solution consiste à acheter de grandes chaps en cuir gras ou en tissu imperméable.

COTON HUILÉ OU MATÉRIAU PLUS MODERNE ?

Chacun son goût. Les fibres imperméables (type goretex®) sont beaucoup plus légères et plus souples que le coton huilé (type Barbour). Ces nouvelles matières sont parfaitement imperméables et sèchent vite.

Le coton huilé, lui, a le charme et la beauté des matières qui se patinent. Après quelques mois d'usage, il est « fait » à votre forme. Les cotons huilés de bonne qualité sont inusables mais demandent un entretien régulier.

UN PULL ET UN COUPE-VENT

Quand le temps est froid mais sec, un pull en fourrure polaire convient parfaitement. Il est à la fois léger, souple, chaud, respirant et facile à laver. Mais ce genre de matière a le défaut de laisser passer le vent. Si Éole se lève, enfilez par-dessus votre pull un coupe-vent, facile à emporter car peu volumineux. Certains fabricants proposent des pulls en laine polaire doublés d'une membrane coupe vent.

Les gants

Certains cavaliers n'aiment pas porter des gants. Ils ont l'impression de perdre une partie de leur sensibilité et de leur adresse. En fait, quand le thermomètre descend au-dessous de zéro, les gants évitent l'engourdissement des doigts et la douloureuse onglée. Au quotidien, ils protègent la douceur et la finesse de la peau des fragiles mains féminines. Les gants antidérapants rendent de grands services quand il pleut et que les rênes deviennent glissantes.

Sorrel

Le ciré de pêcheur est formidable pour la pêche, mais il est un peu raide pour monter à cheval et fait ruisseler toute l'eau sur les genoux. En dépannage seulement, donc !

Quand il fait vraiment froid, une combinaison de ski peut rendre service. Assurez-vous simplement qu'elle est assez ample au niveau de l'entrejambe pour vous laisser votre aisance et… ne pas craquer.

Sorrel

PAR TEMPS CHAUD

Monter à cheval par 40 °C à l'ombre n'est guère agréable. Il faut y être bien préparé et songer à alléger son équipement.

GARE AUX COUPS DE SOLEIL !

Lorsqu'on est à cheval, en mouvement, on oublie parfois l'ardeur des rayons du soleil. Pourtant, que vous montiez dans la carrière

Sorrel

PRIVILÉGIEZ LES TISSUS LÉGERS

Pour les grosses chaleurs, il existe des culottes de cheval en coton ou en microfibres. Des pantalons légers peuvent faire l'affaire, mais méfiez-vous des coutures qui font mal.

Pensez à l'importance de sous-vêtements confortables et protecteurs. Choisissez des slips et soutien-gorge en coton ou en microfibre sans coutures gênantes.

En ce qui concerne le haut du corps, préférez une chemise légère, à manches longues et pourvue d'un col, au T-shirt. Après cinq heures de marche sous le soleil, vous en comprendrez l'intérêt.

ou en extérieur, vous êtes très exposé. Munissez-vous d'une crème solaire efficace et enduisez-vous régulièrement le visage, le cou et les bras.

Si la température est caniculaire, laissez vos bottes au vestiaire et remplacez-les par des boots et des mini-chaps.

Vous pouvez également mettre des chaussures de marche ou de sport, à condition qu'elles possèdent un véritable talon et un système de laçage qui ne risque pas de se coincer dans l'étrier.

ATTENTION, DANGER!
Bombe obligatoire

Par grosse chaleur, on rêve parfois de jeter sa bombe aux orties. Ce n'est ni très prudent, ni très honnête pour les gens qui vous encadrent et qui assument les risques en cas d'accident. Le mieux est de se rabattre sur les casques les plus légers. Il existe certains modèles en polystyrène qui tiennent moins chaud que le feutre et le velours des couvre-chefs traditionnels. Choisissez un modèle pourvu d'une ventilation efficace. Vous pouvez même, en cas de chaleur écrasante, opter pour le casque de cycliste comme le font les cavaliers d'endurance.

Sorrel

Le confort d'abord : les sous-vêtements

Les enseignants n'y pensent pas toujours, tant ils ont le cuir tanné, mais il est important de recommander aux débutants des sous-vêtements confortables et sans danger. Une blessure à la fesse peut décourager les plus motivés. Ce serait dommage !

Sorrel

C'est au trot assis que les cavalières ressentent le plus la nécessité d'un bon soutien-gorge de maintien. Mais, même au pas, la loi de la pesanteur se fait durement sentir.

Sorrel

LES DESSOUS ANTICHOCS

Les dessous chics ne sont guère adaptés à l'équitation. Ce qu'il faut, ce sont des dessous antichocs et antifrottements.

UNE DOULOUREUSE EXPÉRIENCE

Les débutants font souvent la douloureuse expérience qui consiste à monter à cheval avec des sous-vêtements inadaptés. La fine culotte en dentelle se transforme en instrument de torture lorsqu'elle frotte pendant une heure sur les fesses. Les garçons ne sont pas épargnés. La plupart des slips du commerce possèdent, en effet, des élastiques ronds et saillants qui ont tendance à entrer dans la peau et, parfois, à la tailler.

BON A SAVOIR

Un bon soutien-gorge doit être parfaitement ajusté sans qu'il « sangle » au point de gêner lorsqu'on respire. D'autre part, s'il est bon que les bonnets plaquent bien les seins, les bretelles ne doivent pas, elles, « scier » les épaules.

Sorrel

Privilégiez les élastiques plats, les matières naturelles plutôt élastiques et les textiles spécialement conçus pour le sport, ainsi que les formes enveloppantes.
C'est plus confortable – et plus joli sous la culotte de cheval moulante.

DES SOUS-VÊTEMENTS SPÉCIALISÉS

Les femmes choisiront un bon soutien-gorge qui maintient fermement les seins et des culottes enveloppantes à élastiques plats. Les hommes opteront pour un boxer-short ou un slip un peu élastique et enveloppant plutôt que pour un caleçon lâche ou un modèle mini.

Pour monter confortablement et surtout pour éviter de se blesser, il faut donc se procurer des sous-vêtements spécialisés. Les selleries et les magasins d'articles pour cavaliers ne proposent que trop rarement des sous-vêtements conçus pour la pratique des sports équestres.

Essayez de trouver quelque chose qui vous convienne dans les magasins de sport généralistes.

VIVE LES NOUVELLES MATIÈRES !

Le choix de la matière est crucial. On peut, bien sûr, opter pour le coton, éventuellement mélangé avec un faible pourcentage d'élasthanne ou de lycra.

Le coton présente l'inconvénient d'absorber la transpiration au lieu de la repousser vers l'extérieur. Depuis quelques années sont apparus sur le marché de nouveaux textiles

GROS PLAN
Rayon « cyclistes »

Les sous-vêtements et, pourquoi pas, les cuissards prévus pour le vélo conviennent très bien aux cavaliers. Ils disposent d'un rembourrage à l'entrejambe et sous les fesses qui protégera aussi bien le postérieur du cavalier que celui du cycliste. Les cavaliers d'endurance ont d'ailleurs souvent recours à ce genre d'articles pour protéger leur peau des frottements intensifs contre la selle.

Sorrel

LE BON GESTE

A l'obstacle, la réception est dure ! Un soutien-gorge de maintien est indispensable. Pour qu'il ne vous gêne pas dans vos mouvements, choisissez un modèle avec « dos nageur », qui dégage bien les épaules.

Sorrel

en microfibre qui sont à la fois légers, élastiques et « respirants » (ils évacuent la vapeur d'eau de la sueur vers l'extérieur).

Au fil des ans, on voit naître de nouveaux mélanges de fibres de plus en plus intéressants. Il serait donc dommage de passer à côté de cette révolution technique sans en profiter. Voici les noms de quelques-uns de ces nouveaux textiles : Aquator®, Coolmax®, Filifine®, Meryl®, Tactel®, Trevira®.

QUEL SOUTIEN-GORGE ?

Toute cavalière doit se préoccuper de sa poitrine. Un bon soutien-gorge doit faire partie de ses premières acquisitions.

UN ORGANE FRAGILE

Le sein est un organe fragile qui ne défie les lois de la pesanteur que grâce au soutien de la peau. Il ne dispose d'aucun véritable muscle, ni d'aucun tendon pour le maintenir en place. Il ne faut donc jamais monter sans soutien-gorge si l'on veut préserver sa poitrine.

Il faut, au contraire, choisir un modèle qui soutient particulièrement bien les seins et leur épargne les mouvements de balancier transmis par les déplacements de l'animal.

Pour des raisons de sécurité, évitez les modèles à armature, à moins que celle-ci ne soit extérieure, comme dans certains modèles de sport. En cas de chute, la tige de l'armature risque, en effet, de se révéler dangereuse.

BRASSIÈRE OU CLASSIQUE ?

Il faut ensuite faire son choix entre les modèles en forme de brassière, qui s'enfilent, et les modèles plus proches du soutien-gorge classique. Les brassières sont plus confortables et ont souvent une découpe dite « dos nageur » qui facilite les mouvements des bras.

Dans tous les cas, toujours à cause des frottements, évitez les modèles pourvus d'une couture en plein milieu du bonnet.

Les agrafes, quand il y en a, sont plus faciles à fixer si elles sont placées devant. Préférez aussi les réglages de bretelles situés un peu au-dessus du sein plutôt que sur l'épaule ou derrière.

Blousons et gilets pour monter

A la fois confortables, légers, étanches, taillés dans des matières résistantes, respirantes et protectrices, les blousons et gilets d'équitation se présentent parfois en version « deux en un » et se portent séparés selon les saisons et les modèles.

Hermeline/Cogis

Les fabricants proposent des modèles de toutes sortes et s'efforcent de suivre la mode (la mode cavalière, bien sûr!). Mais ne sacrifiez pas l'efficacité à l'esthétique.

Sorrel

LE BON GESTE

Entretenu correctement, un blouson résiste mieux à l'usure et aux déchirures. Lavez-le régulièrement à 30 °C en machine. Vérifiez ses coutures et reprisez si besoin est. Appliquez sur les tissus de type Gore-tex un produit destiné spécialement aux membranes respirantes. Ces produits, vendus en bombe, empêchent les pores des fibres de se boucher.

GROS PLAN

Divers détails rendent encore plus appréciable le port du blouson d'équitation. Col montant avec capuche intégrée ou cape amovible à utiliser en cas de mauvais temps, fermeture à glissière et à boutons-pressions, trous de ventilation sous les bras, poignets à élastique ou à patte velcro, lanières porte-éperons, cordons de serrage à la taille et fentes ou soufflets latéraux d'aisance… rien n'est laissé au hasard par les fabricants. Les multiples poches spéciales pour la carte topographique, le téléphone portable, la boussole, les friandises pour chevaux, etc., se révèlent également précieuses.

Miriski/Cogis

JOINDRE L'UTILE À L'AGRÉABLE

Les blousons d'équitation doivent pouvoir servir à l'entraînement quotidien tout en gardant leur belle apparence.

UN VÊTEMENT FONCTIONNEL ET PROTECTEUR

Le blouson, cette veste courte d'équitation portée par le cavalier en manège comme à l'extérieur, doit répondre à certaines exigences si on veut s'en servir en toutes circonstances et en toutes saisons.

Il possède des fentes ou soufflets latéraux ou dorsaux, qui permettent de se sentir plus à l'aise à cheval sans être gêné au niveau du troussequin.

De plus, ce vêtement légèrement cintré à la taille doit couvrir parfaitement les reins si l'on veut qu'il préserve des coups de froid en cas d'intempéries.

Confectionné dans un tissu doux au toucher, résistant, isolant, étanche et respirant, cousu solidement, il se révèle agréable à porter et peut se conserver durant plusieurs années s'il est entretenu correctement.

LES MATÉRIAUX NOUVEAUX

De nos jours, beaucoup de fabricants préfèrent commercialiser des modèles haut de gamme. En effet, la qualité d'un blouson dépend d'abord de la qualité du tissu dont il est fait. Les tissus en microfibre, dont il existe plusieurs sortes, sont excellents.

La ouate Micro-Loft traitée antiallergique est plus chaude qu'une fibre polaire. La membrane en Gore-Tex (ou Sympa-Tex, Microtech, etc., textiles proches) imperméable et respirante – afin d'éviter l'effet de sudation –, s'avère également une doublure convenable.

La toile enduite Cordura (une variété solide de fil polyamide) alliée à une membrane coupe-vent protège doublement du froid mais accentue la condensation de la transpiration. Le nylon déperlant enduit hydrofuge, combiné au polyester qui est, lui, léger et chaud, s'avère conseillé par temps frais ou venteux.

COMBIEN ÇA COÛTE ?

Un blouson en microfibre de qualité, résistant bien à l'usure et pouvant durer plusieurs saisons, vaut entre122 et 198 euros. Pour un blouson « 2 ou 3 en 1 », comprenant un gilet matelassé à manches amovibles, il faut compter au moins 153 euros.

Bob Langrish

Un blouson bien coupé couvre les fesses et s'évase bien sur les cuisses.

LE COIN DU PRO

Un gilet simple tient chaud là où il faut tout en laissant une parfaite aisance au cavalier. Ses nombreuses poches permettent d'emporter en extérieur des objets aussi utiles qu'un portable, un cure-pied, etc.

LES GILETS : DES PROTECTIONS POLYVALENTES

Le gilet d'équitation, souvent sans manches, confortable, matelassé et léger, s'enfile sur un vêtement ou sous un blouson.

EN TOUTE SAISON

En coton, en fibre synthétique ou polaire, le gilet, plus ou moins matelassé et chaud, s'avère commode à porter été (à l'extérieur) comme hiver (surtout au manège). Sans manches, léger, il permet de mouvoir plus librement les bras, notamment lors du travail monté.

Il en existe différents modèles, la plupart protégeant bien le bas du dos, de sorte que tout cavalier trouvera ce qui lui convient.

CLASSIQUE OU SPÉCIAL ?

Les fentes d'aisance latérales pressionnées ou à fermeture double-curseur, le cintrage et la martingale féminisent un peu la coupe du gilet, ce qui n'est pas le cas du gilet classique à bas élastiqués.

Parfois, il est réversible et possède une face réfléchissante, ce qui peut être utile la nuit. Doté d'une rigide armature, il sécurise le cavalier, surtout en cross, car il se transforme en gilet de protection (aux normes européennes ISO 9001 ou 9002) dorsale et abdominale et protège des chutes et des chocs.

LE GILET... DU BLOUSON

Le blouson convertible est très pratique car il peut, par définition, servir à plusieurs fins. Lors d'une reprise, par exemple, le cavalier le revêt le temps de l'échauffement.

Puis, au fil de la séance, il le retire partiellement pour ne conserver sur lui que la doublure amovible, qui constitue un simple gilet.

Sorrel

BON A SAVOIR

Un blouson classique, qui n'est pas spécifiquement destiné à l'équitation, peut tout à fait convenir pour un usage hebdomadaire. Assurez-vous simplement qu'il résistera au traitement parfois rude auquel vous allez le soumettre, qu'il n'entravera pas vos gestes et qu'il se lave en machine !

Grande randonnée : le chargement

Qui veut voyager loin ménage sa monture…
Partir pour plusieurs jours à cheval est un véritable voyage. Il faut savoir emporter tout le nécessaire et rien que le nécessaire afin de ne pas fatiguer son compagnon !

SORREL

LE CHARGEMENT : SE LIMITER À L'ESSENTIEL

Que vous partiez pour quelques jours ou pour plusieurs semaines, votre chargement sera sensiblement le même : trop lourd ! Pensez à l'essentiel et étudiez le climat des régions à traverser : crème solaire ou imper, mieux vaut ne pas se tromper.

POUR TOUS LES BESOINS

Il existe des paquetages de toutes sortes pour répondre aux besoins des randonneurs. Pour une simple promenade, on peut avoir besoin d'emporter un trousseau de clés, des papiers d'identité, un cure-pied… ces simples objets dépassent déjà les capacités de vos poches. Pour une randonnée longue, un paquetage complet est indispensable.

QUE CHOISIR ?

Les divers éléments du paquetage peuvent être en cuir, en toile ou en matière synthétique. Chacune de ces matières a ses avantages et ses inconvénients : le cuir est

SORREL

LE COIN DU PRO

Le tapis de selle est un élément clé de la randonnée. Le moindre pli, la moindre friction, et c'est la blessure ou la gonfle.

SORREL

Choisissez un tapis ou un pad épais, doublé d'une matière non échauffante et suffisamment long pour protéger les reins du cheval. Aucune sacoche, aucun objet ne devraient reposer directement sur le cheval.

Et, surtout, dégarrottez !

LE BON GESTE

Il faut éviter qu'une courroie (ou, pire, une sangle ou une étrivière) cède en cours de route. Avant de partir, contrôlez scrupuleusement les coutures et les points d'usure de chaque courroie et de chaque boucle, depuis les rabats de sacoches jusqu'aux boucles des étriers en passant par tous les éléments du filet et du licol.

solide, il n'échauffe pas et se répare facilement, mais il pèse lourd. La toile est souple, mais elle n'est pas forcément imperméable ni très solide.

Les matières synthétiques sont à la fois légères, souples et solides, mais leur durée de vie est plus réduite que celle du cuir, et il est difficile de les réparer.

Si vous ne partez en randonnée qu'occasionnellement, optez pour un matériel léger et économique.

Si vous êtes un passionné, investissez dans un paquetage solide et durable, que vous pourrez entretenir et réparer pendant de longues années.

LE PAQUETAGE COMPLET

La selle de randonnée permet, grâce à ses différents pontés, dés et anneaux, de fixer des paquets sur les côtés de la selle – à l'avant et à l'arrière, et sur le troussequin.

L'ensemble du paquetage comporte :

• les fontes, sacoches étroites fixées sur les côtés à l'avant de la selle ;

• les sacoches latérales, qui reposent à droite et à gauche sur les flancs du cheval ;

• le boudin ou charvin, étroit et cylindrique, qui vient derrière le troussequin ;

• le porte-manteau, fixé à la même place, éventuellement par-dessus le charvin.

LA RÈGLE DE TROIS

Pour l'ensemble des éléments du paquetage, les trois principaux critères de choix sont :

• Le confort pour le cheval et le cavalier. Sacoches et fontes ne doivent pas reposer directement sur le cheval ni présenter d'angle ou de point de friction. Ni leur forme ni leur position ne doivent gêner le cavalier dans ses mouvements ou dans son confort (tout relatif !).

Lorsqu'on est nombreux, on peut emporter divers objets d'usage commun que l'on répartit entre les différents paquetages : mini-trousse de maréchalerie, réchaud, poche à fer, aliments, etc.

SORREL

Kit Houghton

Cartes et boussole peuvent être glissées dans une des fontes... mais un porte-cartes qui se fixe au cou du cavalier est bien pratique.

NE PAS OUBLIER

L'ennemi du randonneur, c'est le poids ! Limitez-vous et choisissez chaque objet en fonction de sa solidité, de son efficacité et de son poids.

Dans tous les cas vous ne devez pas partir sans :

- une carte et une boussole
- un cure-pied
- un couteau ou un multi-outil
- une gourde
- une trousse de secours (pour le cheval et le cavalier)
- un vêtement de pluie (éventuellement)
- vos papiers d'identité.

• La solidité, qui doit être à toute épreuve, en particulier pour les sacoches, qui font souvent les frais des passages étroits, des buissons épineux, etc.

Soyez très pointilleux sur la solidité des fixations.

• L'étanchéité, fondamentale. Elle doit être entretenue quelle que soit la matière.

LES SACOCHES

Les sacoches sont larges et profondes. On y met le plus gros de ses affaires.

Certaines sacoches sont reliées par un pont qui repose sur les reins du cheval. On les fixe alors sur les pontés de la selle.

D'autres sont fixées individuellement par des courroies aux dés de la selle.

Les sacoches pontées sont plus solides. Les sacoches fixées individuellement ont l'avantage de se retirer séparément.

Les sacoches sont souvent bourrées à craquer : choisissez-les avec des rabats importants et des courroies longues.

LES FONTES

Placées à l'avant de la selle, les fontes sont d'un accès plus facile pour le cavalier. On peut y ranger les objets qu'on veut garder à portée de main.

Les fontes sont fixées par un système de courroies ou équipées d'ergots métalliques qui s'enclenchent dans les trous ou anneaux prévus à cet effet sur la selle.

BOUDINS ET PORTEMANTEAUX

Le boudin abrite le sac de couchage et, parfois, quelques vêtements.

Il doit être étroit, long et souple afin de s'incurver pour épouser la forme du troussequin. Certains, en forme de croissant, s'adaptent parfaitement au troussequin.

Le boudin doit être imperméable, notamment au niveau de la fermeture. Un duvet mouillé est inutilisable et ne sèche pas vite !

Le portemanteau et le boudin peuvent être superposés.

SORREL

On a souvent tendance à bourrer le boudin. Gare à la fermeture qui cède sous la pression !

D'autres bottes et boots (randonnée, western, etc.)

Au club et en compétition, bottes et boots classiques restent souvent de mise. Cependant, il existe des modèles très divers convenant à l'équitation de loisir et d'extérieur ainsi qu'à toutes les disciplines western.

Miriski/Cogis

EN CAS D'INTEMPÉRIES

Pluie, froid, boue et neige poussent souvent les cavaliers à chercher d'autres bottes, plus chaudes ou plus imperméables – parfois les deux – et plus résistantes.

PADDY ET CIE

On trouve désormais chez la plupart des bons marchands de matériel d'équitation les modèles de boots dites « Paddy » ou encore « lad » : une coque en slush emboîte le pied comme un mocassin un peu haut et assure une parfaite étanchéité même quand on pataugе dans des carrières détrempées ou des paddocks boueux. La tige plus ou moins montante est en polyamide souple et imperméable. L'ensemble est doublé de polyester et, pour certains modèles, de fausse fourrure. Il s'agit donc de chaussures très chaudes, pas forcément très aérées, particulièrement adaptées à un temps froid et humide. Leur prix est modéré : environ 30,50 euros.

QUAND IL GÈLE

Pour les hivers rigoureux et pour monter dans les régions au climat rude, les fabricants ont créé des bottes « grand froid » munies d'une coque en slush pour le pied et d'une tige entièrement molletonnée, le tour de mollet étant réglable au moyen de plusieurs pattes velcro – la compression, c'est connu, n'arrangeant rien quand il fait froid. Le revêtement extérieur en nylon est imperméable et indéchirable.

Certains modèles, qui sont à recommander, sont équipés d'un chausson isolant amovible et lavable en machine. D'un prix abordable (entre 53 et 69 euros), ces bottes conviennent pour monter et, éventuellement, randonner quand le thermomètre descend sérieusement, mais on ne peut guère les utiliser dès que la température devient plus douce, car on y transpire alors abondamment.

BON A SAVOIR
Côté western

Bob Langrish

En même temps que l'équitation du même nom, les accessoires western connaissent un grand succès. Conçus pour résister à l'usure tout en offrant un grand confort au cow-boy qui passait de longues heures en selle, ils sont souvent ornés de détails qui séduisent un nombre croissant de cavaliers. Attention, le prix est la hauteur du travail de l'artisan !

Pour l'extérieur, des chaussures aussi confortables que des baskets, mais néanmoins conçues pour l'équitation.

Monnier/Cogis

Kit Houghton

VERSION CUIR

Pour les jours de neige et de glace, il existe également, dans une version beaucoup plus luxueuse, des bottes en cuir gras molletonnées, d'inspiration américaine, dont la tige s'ajuste en haut du mollet par un laçage latéral. Solides, très confortables, plus « respirantes » que les modèles en synthétique, ces bottes conviennent aussi bien pour l'entraînement que pour la randonnée dans les régions froides. Comptez environ 229 euros.

L'ÉQUITATION D'EXTÉRIEUR

Randonneurs, trecquistes et cavaliers d'endurance trouvent rarement leur bonheur au rayon « classique ».

GROS PLAN

Les chaps, accessoires indispensables

Pour les randonneurs et pour les cavaliers d'endurance, les bottes sont décidément trop chaudes et trop rigides – et trop lourdes ! Néanmoins, le frottement de l'étrivière sur le mollet risque d'entraîner de sérieuses blessures au fur et à mesure que les kilomètres s'accumulent.

Les chaps ou les mini-chaps sont idéales parce qu'elles protègent le mollet sans être aussi rigides, ni aussi chaudes, que les bottes. Elles se rangent dans les sacoches et on peut les mettre et les enlever facilement.

On en trouve à partir de 30,50 euros et jusqu'à 91,60 euros et plus.

MARCHER ET MONTER

Dans toutes les disciplines d'extérieur, le cavalier a besoin de chaussures aussi confortables à cheval qu'à pied : en randonnée comme en endurance, on marche beaucoup à côté de son cheval. Les bottes sont souvent trop chaudes et peu confortables pour la marche. Les modèles conçus pour l'équitation d'extérieur sont donc plutôt des boots à tige plus ou moins montante. On leur demandera les qualités indispensables suivantes :

- une tige qui tient le pied mais qui ne blesse pas la cheville – coupe et rembourrage doivent avoir été étudiés à cette fin ;
- un talon d'au moins 1,5 cm, pour empêcher le pied de s'enfoncer dans l'étrier ;
- une semelle assez rigide pour soutenir la voûte plantaire quand on est à cheval – de nombreux fabricants ajoutent un renfort de métal –, mais dessinée pour que la marche aussi soit confortable ;
- des matières « respirantes » qui évacuent bien la transpiration du pied.

On trouve de nombreux modèles ainsi conçus qui coûtent environ 61 euros.

Les bottes étant décidément trop difficiles à enfiler et à retirer, et pas toujours confortables, les fabricants proposent des modèles moins académiques mais bien pratiques.

Sorrel

Les pieds des cavaliers redoutent le froid... mais aussi la chaleur.

Sorrel

Le matériel du randonneur : filet, licol et longe

En randonnée, le cheval porte son filet – et souvent son licol – des heures durant, car on ne peut les lui changer en route. Il faut donc choisir avec soin son matériel.

Sorrel

LE FILET

Pourquoi un filet de randonnée serait-il différent d'un filet qu'on utilise en manège ? Parce que, en manège, le filet n'est pas soumis aux mêmes conditions qu'en extérieur.

DU SOLIDE AVANT TOUT

N'oubliez pas qu'en extérieur, le filet risque de prendre l'eau plus souvent qu'à son tour. Qu'il survienne, après l'orage, un bon rayon de soleil et voilà que le cuir sèche et craquelle.

Les branches aussi le mettent à rude épreuve tout au long du parcours : il n'est pas rare qu'il se prenne dans l'une d'elle, le cheval tirant alors un bon coup pour se dégager.

Le randonneur lui-même pose souvent son filet au sol, dans l'herbe ou dans la poussière, pendant l'heure du déjeuner. Il se trouve alors toujours quelqu'un pour se prendre les pieds dedans. Bref, le filet du randonneur a une vie difficile !

Pour cette raison, il faut choisir un filet très solide, fait dans un cuir gras de haute qualité, avec des coutures résistantes et une excellente bouclerie.

COMBIEN ÇA COÛTE ?

Un bon filet coûte entre 38 et 61 euros.

BON A SAVOIR

En randonnée, un filet sans muserolle est plus confortable pour le cheval, d'autant plus qu'on laisse le licol en place.

Sorrel

Prévoyez une longe longue (2 m minimum) et, de préférence, un mousqueton de sécurité qui vous permettra, en cas de prise de longe, par exemple, de libérer facilement votre cheval.

Sorrel

Sorrel

LE CONFORT DU CHEVAL

Le filet doit naturellement être parfaitement adapté au cheval : préférez les modèles qui se règlent en plusieurs points. Un cuir bien entretenu est à la fois solide et souple, ce qui améliore considérablement le confort de la monture. Tout risque de blessure par frottement doit être écarté – il ne faut donc jamais partir en randonnée avec un filet neuf. Celui-ci doit être testé pendant deux ou trois semaines au moins, lors de balades de quelques heures, avant d'être imposé au cheval pendant plusieurs jours.

LE LICOL

Le licol de randonnée est soumis, lui aussi, à un bien rude traitement. Pluie, soleil, branches, accrocs en tous genres, il doit résister à tout !

L'USAGE DU LICOL EN RANDONNÉE

En randonnée, on laisse souvent le licol au cheval, sous le filet. A chaque halte, il suffit d'y fixer la longe pour attacher le cheval : cela évite de débrider. De surcroît, le licol a ainsi une place toute trouvée, tandis que si on l'ôte, il faut lui en trouver une dans les sacoches ou sur la selle. Toutefois, cela signifie qu'il doit convenir au cheval comme une véritable seconde peau.

COMBIEN ÇA COÛTE ?

De 3 euros pour la longe en chanvre sans mousqueton à 27 euros environ pour une longe de haute qualité... « anti-panique ».

GROS PLAN

Les licols-filets

On trouve aujourd'hui dans le commerce des « bridons-licols ». Ce sont des licols de cuir ou de nylon sur lesquels on fixe, au moyen de mousquetons, une embouchure. A la halte, il suffit de déboucler le mors et de fixer la longe. Ils ne sont pas toujours d'un confort parfait en tant que licols et ne s'ajustent pas forcément aussi bien qu'un vrai filet lorsqu'il s'agit de monter. Si vous décidez d'en acheter un, veillez à ce qu'il soit réglable en plusieurs points et qu'il convienne bien à votre monture.

LA QUALITÉ ET LA MATIÈRE

La solidité du licol est nécessaire à la sécurité : un licol qui casse, c'est un cheval en liberté, avec tous les risques que cela comporte. Le cuir serait évidemment la matière la plus solide, mais les licols en cuir sont lourds et parfois un peu raides. C'est pourquoi beaucoup de randonneurs optent pour un licol en nylon doublé de très bonne qualité, qui est souple, confortable, solide et léger.

LA LONGE EN RANDONNÉE

Une longe trop courte, trop raide, trop grosse... et les problèmes surgissent.

LA MATIÈRE

La longe peut être en coton, en chanvre ou en nylon. La qualité et l'épaisseur du tressage conditionnent en partie sa solidité. En randonnée, la longe en nylon n'est pas recommandée car elle chauffe si on la laisse autour de l'encolure pendant la marche et elle provoque des brûlures en cas de prise de longe.

Une bonne longe doit être suffisamment souple pour rester agréable à manier, mais pas trop, sans quoi les nœuds se serrent trop facilement.

LE COIN DU PRO
Le licol de corde

Toujours fait d'une seule corde, il se présente sous deux formes.

- Le halter à nœuds, sans aucune bouclerie, incassable et inusable, résistant aux intempéries ; il se glisse dans la poche ou occupe une toute petite place dans une sacoche ; il est confortable pour le cheval qui peut le garder sur la tête toute la journée.
- Le halter simple, fabriqué avec des pièces de métal en guise de nœuds, joli mais peu solide.

LA LONGUEUR

Pour la randonnée, choisissez une longe assez longue – vous devez pouvoir attacher votre cheval à une branche d'arbre (donc à une certaine hauteur). Elle doit mesurer au moins deux mètres.

LE MOUSQUETON

Un mousqueton de sécurité est toujours une bonne chose car il permet de libérer facilement un cheval en cas de problème. Optez toujours pour des mousquetons de bonne qualité. Attention à leur poids qui, au fil des kilomètres, finit par se faire sentir.

COMBIEN ÇA COÛTE ?

Pour un licol en cuir de qualité, comptez de 38 à 61 euros.

Pour un licol en nylon de moyenne gamme, il faut compter de 12 à 30 euros.

Un halter à nœuds de bonne qualité coûte de 9 à 27 euros.

Sorrel

Selles et tapis de randonnée

En randonnée, la qualité de la selle n'est pas qu'une question de confort : la santé du cheval est en jeu. On ne saurait se satisfaire de l'à-peu-près, car un animal blessé par sa selle ne peut continuer sa route.

Sorrel

LES QUALITÉS D'UNE SELLE DE RANDONNÉE

Si votre confort est important, il va de soi que le cheval est le premier concerné quand on choisit une selle de randonnée !

LA QUESTION DU POIDS

On parle beaucoup du poids de la selle de randonnée. Pourtant, si la légèreté est une qualité appréciable, on juge une selle, plutôt que sur son poids, à la façon dont elle répartit la charge et à la manière dont elle se pose sur le dos du cheval. Mieux vaut une bonne selle de 15 kg qu'une mauvaise selle de 5 kg.

L'ARÇON ET SON HABILLAGE

L'arçon doit être conçu pour permettre une répartition de la charge la plus large possible. La surface d'appui réelle doit être en contact avec la plus grande partie possible de la surface porteuse du cheval, qui est limitée aux régions situées de part et d'autre de la colonne vertébrale, entre l'épaule et le rein.

Une fois habillé, l'arçon ne doit provoquer aucun point de compression sur le dos du cheval. Pour cela, il faut qu'il épouse la forme du dos : ce qui explique pourquoi on ne peut utiliser une même selle pour tous les chevaux.

BON A SAVOIR

Attention aux revendeurs de matériel qui, le plus souvent par ignorance, parfois par pur esprit commerçant, veulent vous vendre une selle ne vous convenant pas. Si vous n'êtes pas sûr de vous, mieux vaut vous faire accompagner par un randonneur aguerri.

Un bon tapis dégage le garrot et protège le cheval de la friction des sacoches et autres accessoires.,

Sorrel

LE SANGLAGE

Le sanglage a principalement pour but d'assurer le bon emboîtement de la selle sur le dos du cheval. Il s'agit de caler la selle, non de l'arrimer. Si l'on comptait sur le sanglage pour empêcher la selle de tourner, il faudrait serrer très fort, ce qui serait, pour le moins, une cause de gêne pour le cheval. Il faut donc préférer une selle dont l'emboîtement, l'ouverture d'arçon et la surface d'appui conviennent au cheval.

ET VOUS ?

Une fois que le confort du cheval vous paraît assuré, pensez au vôtre. Vous pouvez choisir un siège plus ou moins emboîtant – cela dépend des habitudes –, mais, surtout, qui soit à votre taille et vous permette d'adopter une position confortable. Testez la selle en situation réelle, c'est-à-dire sur le dos de votre cheval. La plupart des selliers connaissent l'importance de cet essai et n'y voient aucun inconvénient.
Le style est une question de goût !

Miriski/Cogis

La selle de randonnée à siège demi-creux est assez semblable en apparence aux selles anglaises ; mais la surface d'appui, l'habillage, l'équipement et la facture en font une selle tout à fait adaptée à la randonnée, confortable pour le cheval comme pour le cavalier. N'utilisez pas, à la place, une selle anglaise classique, car la répartition de la charge est mauvaise, une toute petite surface supportant toute la pression.

ATTENTION DANGER !

Un arçon trop serré, qui crée des points de compression importants à droite et à gauche du garrot, risque de blesser le cheval en moins d'une demi-journée.

GROS PLAN

Préférez une sangle faite de brins (généralement de mohair). Un petit caillou risque de se glisser dans une sangle pleine, créant d'abord une simple gêne, puis une petite plaie qui, à l'arrivée, sera un cratère sanguinolent et difficile à soigner.

Le selle Mac Lelan, conçue par l'armée américaine (qui l'a rapidement abandonnée), est dépourvue de quartiers, les étrivières très larges en faisant office. Très relevée en pommeau et en troussequin, elle bloque le mouvement de l'assiette du cavalier. Sa surface d'appui est réduite. Son principal avantage est son faible prix de revient.

Miriski/Cogis

Farissier/Cogis

Une bonne selle de randonnée comporte évidemment des anneaux et des clés qui permettent d'attacher porte-cartes, gourde, sacoches, boudin et autres accessoires. Faites-la équiper de solides lacets de cuir qui vous permettront de fixer votre matériel : ils vous rendront service dans de multiples circonstances.

COMBIEN ÇA COÛTE ?

En général, bas, prix et bonne selle ne font pas bon ménage. On trouve des selles à moins de 150 euros, mais, pour faire un bon achat, prévoyez au moins le double.

LE SÉCHAGE : UN POINT DÉLICAT

La partie en contact avec le dos du cheval doit être douce et lisse, dans un matériau non échauffant : coton ou laine. Toute la difficulté consiste à trouver un tapis épais, fait d'une matière naturelle, mais qui sèche malgré tout assez rapidement afin de ne pas remettre le matin sur le dos du cheval un tapis humide, froid et raide.

LE BON TAPIS

Un bon tapis de randonnée contribue à protéger le dos du cheval. C'est un achat important qu'il faut faire avec tout le sérieux nécessaire.

UNE BONNE ÉPAISSEUR

Un bon tapis de randonnée est ample et épais. Il doit protéger les flancs du cheval de la friction des sacoches et du boudin.

Les tapis de selle classique, en coton, ne suffisent pas pour protéger correctement le dos du cheval des pressions et des frictions. Leur minceur favorise de surcroît la formation de plis qui, à long terme, provoquent des blessures ou des gonfles. Optez plutôt pour un vrai tapis de travail, type western. Il est suffisamment rigide pour éviter la formation de plis et suffisamment moelleux pour ne pas irriter le cheval.

LE COIN DU PRO

Une selle de randonnée doit pouvoir prendre le soleil et la pluie des dizaines de fois sans s'abîmer. Assurez-vous que le cuir soit épais, souple, de bonne qualité, et les coutures solides. Les parties métalliques doivent être inoxydables.

Les selles de travail, comme la selle australienne et la selle western, ont été conçues pour permettre au cavalier de rester de nombreuses heures à cheval. Elles ont de grandes surfaces d'appui et emboîtent bien le dos de la monture. Soyez vigilant lors de l'achat car les imitations, que l'on trouve un peu partout, sont, certes, moins chères mais font de très mauvaises selles.

Sorrel

Boussole et azimuts

Toutes les belles contrées ne sont pas balisées. Heureusement ! Ceux qui aiment vraiment la randonnée peuvent ainsi découvrir des lieux privilégiés avec ce plaisir particulier qui consiste à tracer sa route et à la trouver seul, en travaillant à la boussole et en marchant à l'azimut.

Sorrel

LOIN DES SENTIERS BATTUS

Marcher à l'azimut est le seul moyen de randonner hors des sentiers battus – ou de se retrouver quand les repères ont disparu.

LA BOUSSOLE

La boussole détermine de façon approximative le nord magnétique terrestre, situé au milieu des îles du Grand Nord canadien. A partir d'un point de référence, il est facile de s'orienter. C'est là qu'intervient la notion d'azimut. Nom bizarre, mais connaissance utile !

L'azimut est l'angle formé par la direction du nord et la direction de marche. On l'appelle azimut magnétique quand on utilise le nord magnétique comme référence et azimut géographique quand il s'agit du nord géographique.

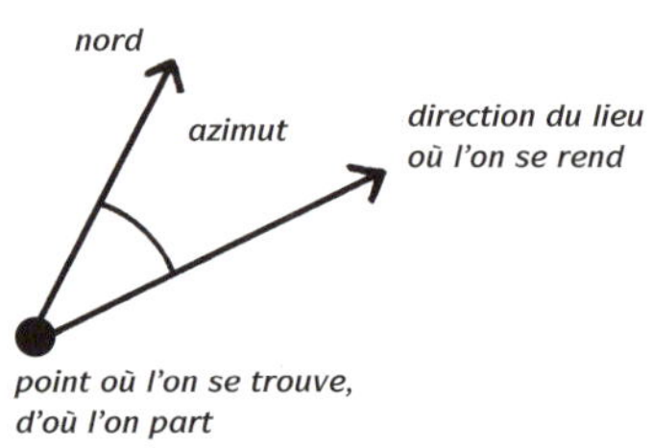

AIDE-MÉMOIRE

Nord magnétique terrestre : point de convergence du magnétisme terrestre. C'est le nord indiqué par la boussole. Son emplacement varie.

Nord géographique : point de convergence des méridiens. Son emplacement est fixe.

Méridiens : lignes imaginaires, inventées par l'homme, passant par les deux pôles et découpant la terre en quartiers réguliers, un peu comme une orange.

A QUOI SERT-IL ?

Il n'y a pas toujours des balises pour indiquer son chemin au randonneur. Il n'a d'ailleurs pas toujours de chemin à suivre non plus ! Les plateaux, les grandes plaines, les immensités sont dépourvus de tout fléchage et, même, de sentiers rassurants. Il arrive aussi qu'en suivant un chemin que l'on croyait le bon, on se retrouve loin de son but.

Sachant où l'on se trouve, l'azimut permet de savoir dans quelle direction aller pour parvenir à l'étape.

BON A SAVOIR

L'azimut permet aussi de choisir entre plusieurs chemins qui partent d'un même endroit : il suffit de relever sur la carte l'azimut du bon chemin.

Savoir s'orienter permet de parcourir des contrées magnifiques loin de la foule.

Sorrel

MARCHER À L'AZIMUT : PREMIÈRES NOTIONS

Pour faire cet exercice, munissez-vous d'une boussole et d'une carte, si possible une carte topographique au 1/25 000.

EXERCICE

Imaginons que vous souhaitiez aller d'un lieu A, que vous choisissez sur la carte, à un autre lieu B. Voici, pour comprendre la notion d'azimut, un exercice à faire en salle.

1. Placez la carte à plat et orientez-la : cela consiste à faire coïncider le nord qu'indique la boussole – nord magnétique – avec le nord de la carte – nord géographique.

En posant la boussole sur la carte, vous constaterez que l'aiguille est parallèle au bord de la carte.

2. Tracez maintenant un trait de A à B, puis un autre de A vers le nord, c'est-à-dire parallèle au bord de la carte. Vos deux traits forment un angle.

3. Placez la boussole sur A. L'aiguille est toujours parallèle au bord de la carte et se trouve sur le trait vertical, passant par A, que vous avez tracé. Lisez, sur le rapporteur, la valeur de l'angle formé en A par la direction du nord et le trait qui unit B à A. Cet angle est l'azimut ou l'angle de marche.

4. Rangez la carte. Regardez la boussole : pour atteindre B en partant de A, vous devez marcher dans la direction donnée par l'angle que vous venez de relever.

LE COIN DU PRO

La boussole ne serait pas assez précise pour un aviateur ou un navigateur

Imaginons que vous souhaitiez aller de Paris à Montréal. Admettons que la distance soit de 5 000 km. En avion, vous partez de Paris, suivant l'azimut que vous avez relevé sur une carte. Il suffit que l'imprécision de lecture soit de 2°, ce qui est fréquent, et vous n'arriverez jamais à Montréal, car cette légère erreur vous fera dévier de 174,6 km !

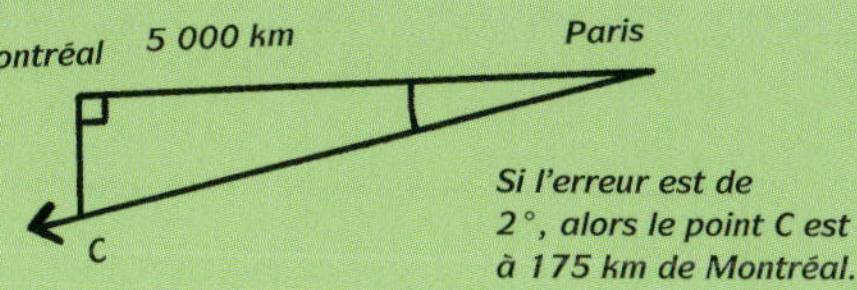

Sorrel

LA BOUSSOLE ET SON UTILISATION SUR LE TERRAIN

Pour randonner, vous devez vous munir d'une bonne boussole et d'une carte topographique au 1/25 000 de la région. Ainsi équipé, il reste à vous familiariser avec leur emploi.

SUR LE TERRAIN... SANS ORIENTER LA CARTE !

Vous savez où vous êtes mais vous hésitez sur la direction à prendre.

1. Ouvrez votre carte. Repérez le lieu précis où vous vous trouvez, à quelques mètres près, puis repérez également le point où vous vous rendez.

2. Placez le côté de la boussole sur la direction à prendre, c'est-à-dire sur le chemin dessiné, ou sur une ligne imaginaire si l'étendue est grande. Tournez le rapporteur de la boussole jusqu'à ce que la flèche rouge dessinée sur le cadran soit en direction du nord de la carte, c'est-à-dire vers le haut.

3. Pliez la carte. Tenez la boussole bien à plat devant vous. Pivotez sur vous-même jusqu'à ce que l'aiguille aimantée soit alignée avec l'aiguille rouge. Marchez dans la direction indiquée par la flèche dessinée sur le support de la boussole et vous arriverez à votre but.

Chantal Dumoux

En plaine, il est généralement facile de prendre un point de repère pour marcher à l'azimut. Sauf dans le désert, ce qui est bien regrettable !

Sorrel

Boussole de randonnée

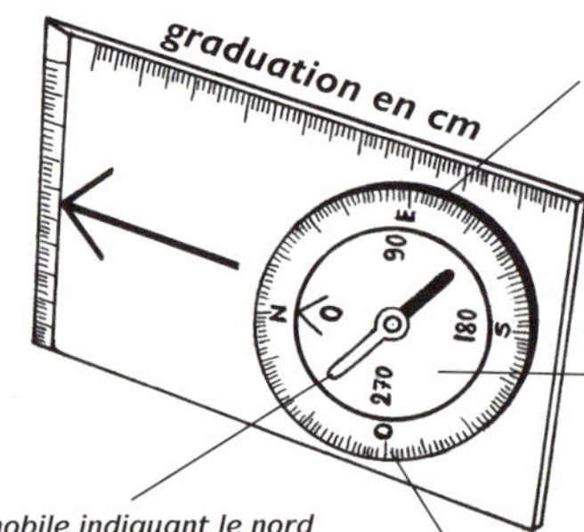

LE BON GESTE

Les balises d'un terrain peuvent disparaître à cause du mauvais temps, de l'abattage des arbres ou du vandalisme. Quand le terrain ne correspond plus au tracé de la carte, ne vous découragez pas : prenez-vous en main, sortez la boussole et marchez à l'azimut ! C'est aussi le seul moyen de randonner hors des sentiers battus.

La topographie

La topographie n'est pas enseignée à l'école. Elle fait pourtant partie des connaissances indispensables dans la vie courante. Qui n'a voulu un jour utiliser une carte pour aller d'un point à un autre, et n'y est pas correctement parvenu ? Se promener à cheval dans la nature oblige à s'y mettre !

Sarrel

Même pour une balade de quelques heures, il est toujours préférable d'emporter une carte – et de savoir l'utiliser. Un guide sérieux ne part pas sans sa carte et sa boussole.

Sorrel

TROIS DIMENSIONS MISES À PLAT

Toute la difficulté de la topographie consiste à représenter des courbes et des volumes sur une surface plane.

DE LONGUES RECHERCHES

Dès l'Antiquité, de nombreux savants ont cherché à établir des cartes. Mais n'oublions pas que la Terre n'est ronde que depuis l'école ionienne de Pythagore, au VIe siècle av. J.-C.

Au début du XIXe siècle, on utilise des portulans, sortes de guides nautiques.

Les cartes modernes font leur apparition au XVIIIe siècle, avec la première triangulation de la France, qui permit à Cassini de réaliser sa carte. A la fin du siècle, la carte de France comporte reliefs, routes et chemins. Les premières cartes d'état-major – sont tracées au tout début du XIXe siècle.

Enfin, au XXe siècle, naquirent les cartes à système de projection Lambert et UTM que nous utilisons aujourd'hui.

CODIFICATION ET CONVENTION

Tout ne peut pas être représenté à l'échelle de la carte. Les cartographes utilisent donc des symboles pour faciliter leur travail. Pour aider l'utilisateur, ces symboles sont « traduits » par la légende. D'autres informations ne sont connues que des utilisateurs plus chevronnés. Les couleurs, par exemple, ont un sens précis mais peuvent varier d'une carte à l'autre. En règle générale, les données humaines sont représentées en noir. Noires une route, une ligne à haute tension, les limites administratives. Le bleu signale la présence de l'eau : source, rivière, mare, lac, ruisseau, etc. La couleur orange est pour l'altimétrie : courbes de niveau. Le rouge donne les informations touristiques. Enfin, le vert désigne la végétation boisée ou en broussailles, le blanc les prairies et alpages.
Par convention, le nord est toujours situé dans le haut de la carte quand on lit celle-ci.

GROS PLAN

Pour faire une randonnée, vous utiliserez des cartes au 1/25 000 : cela signifie que 1 cm de carte représente 250 m sur le terrain. Sur ces cartes figure chaque détail du terrain – calvaires, hangars, petits ruisseaux dont on signale même s'ils sont à sec l'été, sentiers et passes, etc.

PROJECTIONS

On ne peut parler de topographie sans évoquer les systèmes de projection. La projection plane est une méthode qui permet de représenter la Terre, sphérique, sur un support plan avec le moins de déformations possibles. Certains systèmes de projection conservent les angles : on parle de projection conforme. D'autres systèmes conservent les surfaces : on parle de projection équivalente ; enfin, certains conservent les distances : on parle de projection équidistante. On ne peut mathématiquement pas réunir ces trois qualités sur une même carte.
Les deux projections utilisées en France sur les cartes que vous connaissez sont les projections Lambert et UTM.

Sorrel

BON A SAVOIR

Le mot topographie vient du grec, topos « lieu » et graphein « écrire ». C'est l'art de représenter par le dessin un lieu donné de la Terre.

Repérer un point d'eau est à la fois facile et utile. Cela permet d'abreuver les chevaux et de savoir avec précision où l'on se trouve.

Sorrel

LAMBERT ET UTM : NE PAS CONFONDRE !

Les randonneurs à cheval utilisent presque uniquement la projection Lambert. Mais mieux vaut connaître la différence entre les coordonnées Lambert et UTM, car les confondre serait s'exposer à des erreurs de plusieurs kilomètres !

PROJECTION CONIQUE CONFORME LAMBERT

Faite à partir d'un cône qui « coiffe » la Terre, la projection de Lambert est celle qu'on utilise en France. Le point zéro est le méridien de Paris pour la longitude, et le point de tangence du cône pour la latitude. Les angles sont exprimés en grades, les coordonnées en kilomètres.

LE COIN DU PRO

Le GPS (Global positioning system) est un système de navigation qui utilise les signaux envoyés par les satellites. Aujourd'hui, il remplace parfois la boussole pour les professionnels de la randonnée. Vous pouvez acquérir un boîtier (pas plus gros qu'un téléphone portable) mais son prix reste décourageant pour le randonneur amateur. Mieux vaut donc continuer à utiliser une boussole !

PROJECTION CONFORME UTM

Faite à partir d'un cylindre dans lequel on fait pivoter la Terre, la projection UTM (Universal Transverse Mercator) propose un découpage de la terre en 60 fuseaux. Le méridien d'origine est celui de Greenwich pour la longitude, l'équateur est la latitude zéro. Les angles sont exprimés en degrés, les coordonnées en kilomètres. Mais attention ! Ce ne sont pas les mêmes que sur une carte Lambert !

Deux représentations d'une même région ne sont pas superposables si l'une est faite selon la projection UTM et l'autre selon la projection Lambert. L'une n'est pas plus juste que l'autre.

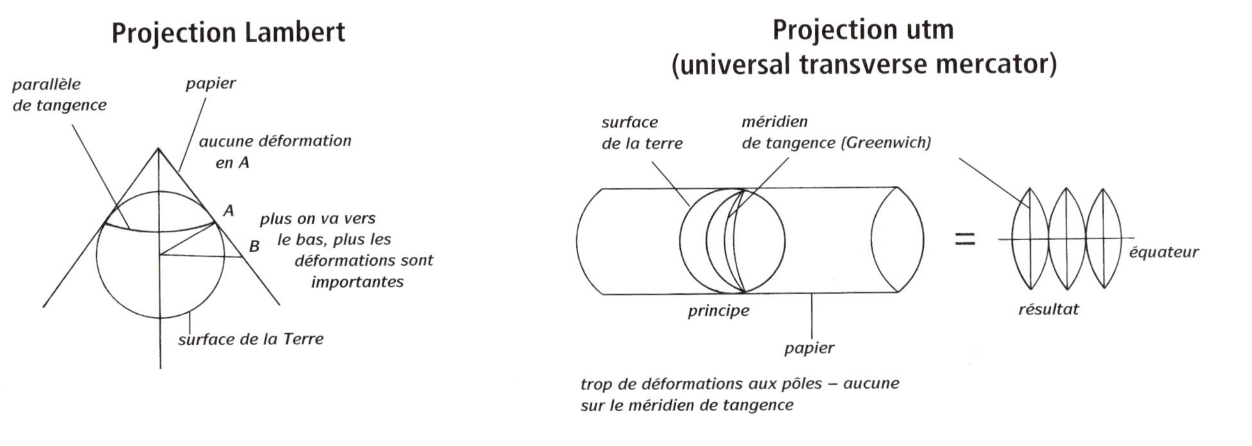

Ill. Chantal Dumoux

BON A SAVOIR

Nord géographique et nord magnétique

Le nord magnétique n'est pas constant, car le noyau terrestre se déplace avec la rotation du globe. Il existe donc une légère différence entre le nord géographique (indiqué sur la carte) et le nord magnétique. Il s'agit d'un angle infime, appelé déclinaison magnétique, qui est toujours indiqué dans la légende de la carte. Et qui évolue avec les années ! Il a son importance lorsqu'on parcourt de grandes distances.

Connaissances générales de topographie

Malgré l'apparition des systèmes d'orientation modernes, tel le GPS (Global Positioning System), la topographie est loin d'être désuète. La carte reste le moyen le plus sûr et le plus accessible pour se rendre d'un point à un autre.

A LA DÉCOUVERTE DE LA CARTE

A part pour les cartes UTM (Universal Tansverse Mercator), chaque pays utilise des conventions différentes. Nous parlerons uniquement de la France, qui est la seule à utiliser le système de projection Lambert.

LA SURFACE REPRÉSENTÉE

Toutes les cartes Lambert, quelle que soit leur échelle, ont la même taille. Aussi, une carte topographique utilisée en randonnée représente-t-elle la moitié du territoire figuré sur une carte au 1/50 000, laquelle, à son tour, ne comporte que la moitié du territoire reporté sur une carte au 1/100 000, etc. La surface représentée par une carte au 1/25 000 est de 14 km d'est en ouest et de 20 km du nord au sud, soit 280 km².

POURQUOI 1/25 000 ?

Au 1/25 000, un centimètre sur la carte représente 250 m sur le terrain, autrement dit, 1 km sur le terrain occupe 4 cm sur le papier. Ces mesures permettent de représenter tous les détails utiles au randonneur qui, bien sûr, a d'autres besoins qu'un conducteur de voiture ou qu'un pilote d'avion, qui se déplacent beaucoup plus vite.

AIDE-MÉMOIRE

- *Une carte topographique est une représentation réduite, exacte et plane d'une partie de la surface de la terre.*
- *L'échelle indique le rapport entre les distances sur le papier et les distances sur le terrain.*
- *La légende est la liste des signes conventionnels utilisés pour représenter les formes du terrain ainsi que les éléments concrets, fixes et durables qu'il supporte.*

BON A SAVOIR

Sauriez-vous déterminer quelle surface réelle couvre une carte ?

Au 1/25 000, elle représente environ 280 km², au 1/50 000 le double, soit 560 km² ; si l'échelle est au 1/100 000, la carte représente 1 120 km².

Sorrel

LES INDICATIONS DE COUVERTURE

Le numéro inscrit sur la couverture de la carte indique le carré de découpage. Par exemple, sur une carte topographique IGN (Institut géographique national) de la série bleue, on trouvera :

3028 O
Série bleue
MÂCON
1 : 25 000. 1 cm = 250 m

3028 O signifie : 30e colonne du découpage de la France, 28e ligne, côté ouest. Il existe aussi une 3028 E (est). Si vous collez la 3028 O et la 3028 E, vous obtenez l'équivalent de la 3028 au 1/50 000, mais sur une feuille de papier deux fois plus grande.

Série bleue : Indique à quelle série la carte appartient. Les cartes sont comme les livres, elles appartiennent, en quelque sorte, à une collection. Pour être certain de pouvoir les assembler bord à bord, il faut impérativement acheter des cartes de la même série.

MÂCON : secteur de Mâcon. Cette indication permet de situer rapidement la région couverte par la carte.

1 : 25 000 : c'est l'échelle. Chaque nombre est exprimé dans la même unité. Cette indication signifie donc : « 1 cm sur la carte représente 25 000 cm dans la réalité », c'est-à-dire, 250 m.

LE NORD

Par convention, le nord est toujours situé dans le haut de la carte quand celle-ci est tenue de façon qu'on puisse lire le nom des villes et des villages. Par conséquent, l'est est à droite, l'ouest à gauche et le sud dans le bas.

On parle parfois de différents nord. On en dénombre en effet trois. Cette notion, importante pour les aviateurs, est négligeable quand il s'agit d'une randonnée équestre.

Miriski/Cogis

LE COIN DU PRO
Mieux comprendre les points cardinaux

- Aidez-vous d'une boussole pour repérer le nord. Placez-vous alors face à lui. Tendez les bras latéralement : votre bras droit indique l'est, le gauche l'ouest. Le sud se trouve derrière vous.

- Faites un demi-tour. Le nord est alors derrière vous. Sauriez-vous dire où se trouvent l'est et l'ouest ?

- Faites le même exercice couché, face vers le ciel, tête au nord, les pieds au sud. Pouvez-vous rapidement repérer l'est et l'ouest ?

- Vérifiez l'exactitude de vos réponses à l'aide de la boussole.

Le balisage est une aide précieuse pour le randonneur, mais il faut pouvoir se débrouiller sans lui.

LA LÉGENDE : QUELQUES TRUCS À CONNAÎTRE

La légende nous aide à interpréter la carte. Même si toutes les cartes n'utilisent pas les mêmes conventions, il est bon de se familiariser avec certaines de celles-ci.

LES COULEURS

On utilise, pour réaliser les cartes topographiques IGN françaises au 1/25 000, cinq couleurs.

Le bleu représente tout ce qui touche à l'eau : source, rus, ruisseaux, rivières et fleuves, réservoirs, canaux, écluses...

L'orange ou bistre exprime toute l'altimétrie : courbes de niveau, chiffres indiquant l'altitude, etc.

En noir sont représentées les données humaines : maisons, lignes EDF, chemins de fer, moulins à vent, routes et chemins, limites administratives (limites des communes, des cantons, des départements, etc.).

Le vert sert à représenter les broussailles, forêts et bois, alors que le blanc indique les pâturages et les cultures.

Enfin, le rouge concerne les données touristiques.

LES DATES

Trois dates dont indiquées sur la carte.

La plus ancienne est celle de l'année des levés – lorsqu'on est allé sur le terrain pour en faire le relevé.

La suivante indique la dernière révision faite sur le terrain.

Enfin, la dernière indique l'année d'édition.

Certains levés topographiques ont une centaine d'années ; les dernières révisions datent parfois de 20 ou 30 ans.

Pour cette raison, les données humaines (dessinées en noir) ne correspondent plus à ce qui existe en réalité. En revanche, l'altimétrie et les cours d'eau n'ont, sauf cas exceptionnel, pas varié.

Sorrel

Miriski/Cogis

BON A SAVOIR

Toutes les cartes d'une même série ont la même légende. En revanche, quand on change de type de carte, la légende peut changer. C'est une des raisons pour lesquelles certains randonneurs travaillent toujours avec des cartes de la même série.

Randonnées et lois

Bien des cavaliers se promènent en extérieur pour leur plus grand plaisir sans avoir idée des lois qui régissent ce loisir. Il existe pourtant une réglementation précise, parfois surprenante. Souvenez-vous : nul n'est censé ignorer la loi !

Sorrel

RANDONNER : QUELS DROITS, QUELS DEVOIRS ?

Le cavalier randonne par amour du cheval, certes, mais aussi par besoin de liberté. Cette liberté est un droit mais, pour être effective, il faut que les randonneurs respectent certains devoirs.

QUI PEUT CIRCULER À CHEVAL ?

Tout le monde et, curieusement, sans qu'un permis soit nécessaire. N'importe quel cavalier, même parfaitement incompétent, peut librement circuler à cheval partout où la loi l'y autorise. Cependant, un petit examen qui permettrait de vérifier que le cavalier a un contrôle suffisant de sa monture et qu'il connaît les lois et règlements, est souhaitable pour la sécurité de chacun. En tourisme équestre, la DNTE (Délégation nationale au tourisme équestre) propose l'examen de cavalier randonneur, qui garantit une formation de base.

OÙ AVEZ-VOUS LE DROIT DE CIRCULER ?

L'inaliénabilité du domaine public est un principe important du droit français. Cela signifie que tout ce qui appartient au domaine public ne peut être réservé à un usage privé, ni vendu pour ce même usage. Vous pouvez donc circuler sur tous les chemins ruraux et vicinaux, sur les routes et tout ce qui appartient au domaine public – à moins d'un règlement contraire.
A contrario, tout le domaine privé vous est interdit. Si vous passez dans un pré, un champ ou un chemin privé sans en avoir obtenu l'autorisation, vous êtes en infraction. Vous ne pouvez pas circuler dans les grandes villes, ni dans les forêts domaniales

LE COIN DU PRO
Le cavalier est assujetti à différents codes

- Le code civil (responsabilité civile) est applicable pour les dommages que le cavalier et son cheval pourraient involontairement causer à autrui.
- Le code pénal s'applique aux infractions et délits commis par le cavalier, y compris le mauvais traitement aux animaux.
- Le code rural et forestier a force de loi en campagne ou en forêt, le code de la route pour la circulation en général, le code des voies maritimes pour les chemins de halage, auxquels il faut encore ajouter le code des assurances.
- A chaque code s'ajoutent tous les décrets, arrêtés municipaux et préfectoraux qui établissent des règlements locaux particuliers.

Miriski/Cogis

BON A SAVOIR
Qui peut vous emmener randonner ?

Les meilleurs spécialistes sont les Accompagnateurs et les Guides de Tourisme équestre (ATE, GTE). Seuls les GTE peuvent vous enseigner les techniques de randonnée.

Légalement, tout moniteur peut également vous emmener en randonnée – mais ce n'est pas un spécialiste.

– domaine privé de l'État –, sauf autorisation. Les terrains militaires, terrains de jeux, ainsi que les littoraux en période touristique, sont également interdits.

Les us et coutumes apportent souvent un peu de tolérance. Pour continuer à en bénéficier, pensez à respecter le code éthique des cavaliers randonneurs.

COMMENT CIRCULER ?

Tant que vous êtes à cheval, vous êtes considéré comme un conducteur de véhicule – et, si vous êtes à pied, comme un conducteur d'animaux. A cheval, vous devez vous déplacer sur le côté droit des routes et des chemins et respecter la signalisation routière. Un gendarme peut vous demander de vous soumettre à un alcootest – si le test est positif, vous êtes en infraction et on peut vous enlever des points sur... votre permis de conduire ! En cas d'accident, vous seriez dans une situation extrêmement difficile.

A la tombée du jour, équipez-vous de feux et lanternes pour vous signaler aux divers véhicules.

GROS PLAN
Quelle différence entre le civil et le pénal ?

Votre responsabilité civile est mise en cause chaque fois que vous causez des torts à autrui, volontairement ou non. Vous devez vous assurer, par exemple en prenant une licence.

La responsabilité pénale ne peut être engagée que si vous commettez une infraction prévue et strictement définie par la loi, art. 4 du Code pénal. Attention, il suffit que vous soyez l'auteur de la faute, même si vous ne l'avez pas commise intentionnellement.

Les plages ne sont pas toujours autorisées aux cavaliers et, quand elles le sont, ce n'est pas à toute heure. Question de sécurité et d'hygiène.

Sorrel

BON A SAVOIR
Défendre vos droits

Certains chemins ont été labourés ou annexés par des agriculteurs. Ceci est une infraction au principe d'inaliénabilité du domaine public. Si vous avez un doute, allez consulter le cadastre, à la mairie, et négociez la réouverture du chemin à l'amiable. En général, ça se passe bien. Sinon, faites-vous assister par une association de randonneurs et exigez par les voies légales que ce chemin soit rendu au domaine public.

Sorrel

Quand vous bivouaquez, assurez-vous que les chevaux ne détériorent rien ; efforcez-vous de laisser l'endroit tel que vous l'avez trouvé.

LE CODE ÉTHIQUE DES CAVALIERS RANDONNEURS

Se comporter respectueusement, c'est préserver la liberté de tous les randonneurs : dégradations, incidents et accidents incitent, en effet, les pouvoirs publics à restreindre les droits de ceux-ci.

NE PAS LAISSER DE TRACES

Il existe aux États-Unis une association appelée « Sans traces », dont le principe est de laisser les lieux de passage et de bivouac dans un état tel que personne ne puisse soupçonner que des cavaliers sont passés par là. Inspirez-vous de ce principe afin de ne pas mettre en danger le droit à la liberté de randonner à cheval.

COURTOISIE ET RESPECT

Courtoisie et respect sont de mise, tant entre cavaliers qu'à l'égard des piétons et de l'environnement. Il faut respecter quelques règles de bon sens : ne faites pas boire votre cheval dans l'abreuvoir d'une pâture sans en avoir demandé l'autorisation, refermez les barrières que vous ouvrez, marchez bien au bord des prés ou des champs s'il n'y a pas de chemin. Ne passez jamais dans un pré à foin ou, pire, dans un champ cultivé. Doublez et croisez les piétons au pas, saluez les gens que vous rencontrez, ne laissez pas de détritus. Dans les lieux publics, ramassez les crottins de votre cheval.

GROS PLAN
Trois panneaux qu'il faut connaître

Sorrel

- Panneau rond, bordé de rouge, fond blanc, avec une silhouette de cavalier à l'intérieur : panneau d'interdiction – voie interdite aux cavaliers. Si aucun symbole ne figure, c'est une voie interdite à tout véhicule, dont les cavaliers.
- Panneau rond, symbole blanc, fond bleu : panneau d'obligation. Il indique une piste cavalière, obligatoire, interdite à tout autre utilisateur.
- Panneau triangulaire, bordé de rouge, symbole noir de cavalier, fond blanc : danger. Il a une simple valeur informative : il prévient les autres usagers de la présence de cavaliers dans cette région.

La pharmacie du randonneur

La trousse à pharmacie du cavalier randonneur joue un rôle primordial dans le bon déroulement d'une randonnée. Du petit bobo qui gâche la vie à l'urgence qui la met en danger, elle contient tout ce qu'il faut pour faire face.

Sorrel

LA BONNE PHARMACIE EN RANDONNÉE

Une bonne trousse de secours classique ne convient pas forcément.

BEAUCOUP DE QUALITÉS, PEU DE VOLUME...

La bonne pharmacie est une boîte étanche, légère et petite. Son contenu doit être dans un parfait état de propreté. La personne qui en est chargée doit connaître l'usage et le dosage de chaque produit. N'oubliez pas les notices des médicaments : elles sont indispensables !

TROIS QUALITÉS INDISPENSABLES

• Étanchéité, car, s'il pleut ou si votre gourde perd, tout ce qu'elle contient doit rester bien au sec.

• Légèreté, car vous ne devez pas vous charger inutilement.

• Protection, car il serait dommage qu'au lieu de cachets antalgiques, vous retrouviez de la poudre, ou que le contenu de la bouteille de désinfectant coloré se répande sur vos affaires.

BON A SAVOIR

De nombreux produits liquides (désinfectant, eau oxygénée, etc.) existent sous forme de compresses conditionnées à l'unité. C'est parfois une bonne solution pour gagner du poids et de la place.

Les antiseptiques existent également sous forme de doses peu encombrantes (en emporter plusieurs).

Du soleil, des marches prolongées, une nourriture nouvelle et vous voilà... prêt pour maux de tête, coups de soleil, ampoules, tourista... tous problèmes qu'une bonne trousse de secours doit vous aider à résoudre.

Sorrel

BON A SAVOIR

Lorsqu'un professionnel emmène des clients en randonnée, la loi exige qu'il sépare pharmacie humaine et pharmacie pour chevaux.

Produits	Utilisation
Antiseptique générique	Désinfecter une plaie
Eau oxygénée	Nettoyer une plaie un peu profonde
Compresses	Nettoyer une plaie, faire un pansement
Coton hydrophile	Usages divers
Tulle gras	Protéger une brûlure, une irritation à vif
Double-peau	Se pose sur une irritation sérieuse (blessure aux fesses, ampoule au pied)
Un pansement compressif	Arrêter un saignement
Un rouleau de sparadrap	Faire tenir un pansement et autres usages
Bande de gaze	Faire tenir un pansement
Quelques pansements adhésifs	Pour les petites écorchures
Une pince à échardes	Ôter les échardes, les petites saletés d'une plaie
Ciseaux à bouts ronds	Couper les pansements, couper un petit lambeau de peau
Savon de Marseille (le même que pour la toilette)	Nettoyage préalable des plaies avant désinfection

LE BON CHOIX

La meilleure solution, et la moins coûteuse, c'est d'opter pour une boîte en plastique alimentaire hermétique. On en trouve de toutes les tailles, de toutes les formes, et qui ont toutes les qualités requises. Vérifiez que les couvercles tiennent parfaitement fermés. Vous pouvez opter pour deux petites boîtes au lieu d'une seule plus grosse, mais n'oubliez pas que vous devrez également emporter une trousse de secours pour les chevaux.

QUE FAUT-IL EMPORTER ?

Entre trop et pas assez, il y a, pour assurer la sécurité, un juste milieu.

Sorrel

LE COIN DU PRO

Si vous allez vraiment loin, vous pouvez ajouter une aiguille et du fil pour suturer les plaies. Une suture ne peut se faire que dans les six heures qui suivent la blessure. Même si vous ne savez pas la faire vous-même, vous trouverez peut-être quelqu'un sur place qui saura. Mieux vaut être équipé.

UNE AIDE PRÉCIEUSE

Utilisés à bon escient, vos médicaments vous rendront de réels services, la pharmacie la plus proche se trouvant parfois à plus d'une dizaine de kilomètres.

QUE PRÉVOIR ?

Voici une liste des problèmes qui gâchent une randonnée et qui, souvent, se résolvent assez simplement grâce aux médicaments. Cependant, avant de faire votre choix, demandez conseil à votre médecin qui vous aidera à constituer votre propre « pharmacie de confort ».

Petits bobos	**Médicaments *(Attention aux dosages)***
Maux de tête	Antalgique (Aspirine, Doliprane)
Diarrhée	Antidiarrhéique
Rhume	Vasoconstricteurs, décongestionnants
Conjonctivite	Collyre à l'atropine (en demander la prescription à votre médecin). Une fois ouvert, à utiliser dans les 15 jours.
Coup de soleil, brûlure	Crèmes anti-inflammatoires
Petite coupure, irritation	Pommade cicatrisante
Coup, hématome	Arnica (pommade et granules homéopathiques), Hémoclar
Règles douloureuses, maux de dents, certains maux de tête	Antalgiques forts, dans certains cas anti-inflammatoires, (sur ordonnance)
Piqûre d'insectes	Crème ou pommade spécifique contre les piqûres d'insectes et les démangeaisons

Sorrel

ATTENTION, DANGER !

Les médicaments sont des substances dangereuses. Même un simple cachet d'aspirine peut déclencher, chez une personne allergique, des réactions graves. Ne constituez pas votre trousse de secours sans les conseils d'un médecin.

LE BON GESTE

Si vous partez souvent en randonnée, vous aurez tendance à ne jamais sortir la boîte à pharmacie des sacoches. « Elle y est, qu'elle y reste ; au moins, je suis sûr de ne pas l'oublier ! »

La sécurité veut que vous ouvriez la boîte à pharmacie avant chaque départ, pour en vérifier le contenu : assurez-vous que tout y est, que tous les produits sont en bon état et que les dates de péremption ne sont pas atteintes.

Perdus, que faire ?

Vous aviez pourtant bien regardé la carte mais, soudain, plus rien ne correspond au tracé. Rassurez-vous : tout le monde a connu ces moments agaçants, parfois inquiétants. Comment faire pour sortir rapidement de ce mauvais pas ?

Miriski/Cogis

Miriski/Cogis

BON A SAVOIR

Et le téléphone portable ? Si vous êtes perdu, il risque de vous servir simplement à annoncer votre retard : « Je t'appelle, parce que je suis perdu, mais je ne sais pas où... »

AU MILIEU DE NULLE PART...

Perdus ? Prenez l'événement avec sérieux, mais gardez le sens de l'humour! S'énerver ne sert à rien : mieux vaut garder son sang-froid si on veut rester efficace.

ÉVALUEZ LA SITUATION

Vous constatez que vous êtes perdus. Être perdu signifie que vous ne pouvez plus indiquer sur la carte à quel endroit vous vous trouvez. Pour sortir de ce mauvais pas, essayez de vous repérer. Mais, pour cela, évaluez d'abord l'étendue du problème.

PERDU, À QUEL POINT ?

Essayez d'estimer depuis combien de temps vous n'êtes plus sur le bon chemin. A quel moment avez-vous eu un doute sur la direction à prendre ? Quel point sur la carte êtes-vous sûr d'avoir passé ? Il y a de fortes chances que vous ayez fait l'erreur entre ces deux endroits. Reste à espérer que cette distance ne soit pas trop importante !

Si vous ne vous souvenez plus du dernier point que vous êtes sûr d'avoir repéré sur la carte, si le chemin parcouru depuis est long et comprend des intersections, si vous ne pouvez plus dire dans quel coin vous vous trouvez... la situation est plus épineuse.

ATTENTION, DANGER !

Persister dans l'erreur, vouloir à tout prix continuer alors que vous n'êtes pas sûr de votre route, conduit inévitablement aux ennuis. Mieux vaut que tout le monde ait un peu faim ou froid pour une nuit. C'est ça, l'aventure !

L'HEURE TOURNE

Regardez l'heure. Moins les aiguilles auront tourné, mieux c'est. Vous pourrez sans doute rattraper le temps perdu en prenant des raccourcis, en forçant un peu l'allure, en modifiant l'itinéraire une fois que vous saurez exactement où vous êtes. Il faut être arrivé à la halte avant que la nuit tombe, ou trouver un bivouac acceptable.

LE MORAL DES TROUPES

La météo joue un rôle important ; le problème n'est pas le même s'il tombe des cordes ou si le soleil brille. C'est une question de moral et d'aspect pratique : difficile de bivouaquer quand il pleut à verse !

Evaluez le moral du groupe : les jeunes enfants et les débutants se fatiguent vite et s'inquiètent encore plus vite. Vous ne pourrez pas leur imposer dix heures de selle en une journée : vous pourriez voir vos gens se rebeller ou... s'effondrer !

Enfin, estimez bien le potentiel de vos chevaux. Selon leur forme, leur âge et les kilomètres qu'ils ont déjà parcourus, les solutions à adopter varient.

LE BON GESTE
La décision immédiate

La nuit va tomber, vous avez parcouru 40 km, vous êtes réellement égaré depuis au moins deux heures ? Dans toute la mesure du possible, bivouaquez sur place ou sur un site proche que vous avez vu en passant. Les sacoches d'un bon randonneur ne sont jamais vides. Mangez les goûters du lendemain, mettez les chevaux à brouter, puis faites un plan de bataille pour le lendemain.

Miriski/Cogis

POUR SE REPÉRER

Étudiez bien la carte. Tous les indices sont utiles : le soleil, la boussole, la pente, les constructions, les routes, les cours d'eau et, surtout, les gens du pays... en admettant que vous ayez la chance d'en rencontrer.

Si tout cela ne suffit pas à vous donner une idée du lieu où vous vous trouvez, alors il ne reste plus qu'une seule solution : faire le point.

FAIRE LE POINT

La technique du randonneur, lorsqu'il n'est pas perdu dans une forêt profonde, consiste à faire le point. C'est aussi une bonne façon de confirmer sa route en cas de doute.

Miriski/Cogis

Repérez un « point remarquable », château d'eau, captage, pont, village, mont ou pic.
A l'aide de la boussole, mesurez-en l'azimut, puis tracez sur la carte une ligne qui passe par ce point et qui a pour direction l'azimut trouvé.
Recommencez l'opération avec deux autres points remarquables. Les trois lignes vont se croiser pratiquement en un même point – on dit qu'elles concourent en ce point – ou, dans le pire des cas, former un tout petit triangle.
C'est votre position.
Une fois que vous avez ainsi cerné la zone où vous vous trouvez, vous pouvez sereinement prendre la décision qui s'impose : faire demi-tour, trouver un itinéraire de rechange, faire halte à la première habitation ou bivouaquer.

Orientez votre carte en faisant coïncider le nord de la carte avec le nord indiqué par la boussole.
Souvenez-vous que le nord de la carte se trouve conventionnellement en haut de celle-ci lorsque vous la lisez.

Miriski/Cogis

POUR VOTRE SÉCURITÉ

Le bon randonneur ne part pas sans une boussole et une carte au 1/25 000, de l'argent, une carte de téléphone, un peu de nourriture (des barres de céréales, des fruits secs, etc.), de l'eau, un briquet. Il a avec lui un poncho, un pull, qui lui permettront éventuellement de bivouaquer pour la nuit.

Bob Langrish

ENDURANCE

Qu'est-ce qu'un raid d'endurance ?

Un raid d'endurance est une course. Mais une course très rude, d'un genre bien particulier. Une course qui demande de nombreuses qualités, tant au cheval qu'au cavalier.

Sorrel

UNE DISCIPLINE TRÈS SÉRIEUSE

Quand on parle de raid, on pense souvent à une longue randonnée. Mais un raid d'endurance n'a rien d'une chevauchée à l'aventure. Il s'agit d'une véritable course, disputée sur des distances atteignant parfois 200 km.

LA VITESSE SUR LA DISTANCE

Les concurrents suivent un itinéraire précis et balisé, qu'ils doivent parcourir le plus rapidement possible. Mais pas n'importe comment ! Non seulement il leur faut effectuer le trajet avec la même monture mais, de plus, leur cheval doit atteindre l'arrivée en parfait état physique et mental. Ce qui peut sembler un défi impossible !

DES ÉPREUVES DE LONGUE HALEINE

Le temps mis pour parcourir de telles distances varie, évidemment, en fonction de la topographie et de la météorologie. On couvre plus de terrain en plaine lorsqu'il fait frais que sur des terrains escarpés par un

Un outil fort utile

La Tevi's Cup Ride, aux États-Unis, a lieu chaque année depuis 1954. Les performances qu'y ont réalisé les chevaux, tout comme les problèmes vétérinaires enregistrés au long de ce demi-siècle, ont tous été mis sur ordinateur. Cela constitue une mine de renseignements pour les vétérinaires, les éleveurs et, bien sûr, les cavaliers. L'endurance sert ainsi la cause du cheval !

On rafraîchit le cheval pendant une pause.

Sorrel

Kit Houghton

Il y a vitesse et... vitesse !

A quelle vitesse se court un raid d'endurance ? Cela varie évidemment en fonction du terrain et de la météorologie. Mais on peut estimer que, dans les grandes épreuves, cette vitesse est de l'ordre de 15 à 20 km/h. Ce qui est bien peu, comparé à la vitesse des pur-sang sur les hippodromes !

temps caniculaire. Voici cependant un ordre d'idée : le temps imparti pour rejoindre la ligne d'arrivée des raids les plus rudes et les plus longs est souvent de vingt-quatre heures (presque sans s'arrêter ni dormir !). C'est dire les efforts qu'ont à fournir les chevaux et les cavaliers.

LA PANOPLIE DU CAVALIER D'ENDURANCE

Que faut-il pour participer au moins honorablement à un raid d'endurance ? Un bon cheval de fatigue, bien sûr (qui devra avoir été longuement et judicieusement entraîné avant d'être mis en course). Un harnachement adapté à la discipline, tant pour le bien du cheval que pour celui du cavalier. Une équipe suiveuse aussi, qui prendra soin du couple lors des haltes obligatoires, généralement assorties d'un contrôle vétérinaire. Et puis – est-il nécessaire de le préciser ? – il faut un cavalier ou une cavalière conscient(e) des limites du cheval.

POUR DAMES ET MESSIEURS

Un raid d'endurance est toujours une très rude chevauchée. C'est la raison pour laquelle certains s'imaginent que cette discipline est réservée aux hommes. Et pourtant, à cheval, les dames font généralement preuve de bien des qualités dont les messieurs sont dépourvus.

Ainsi, elles savent souvent mieux qu'eux doser et gérer la fatigue de leur monture. De plus, elles font preuve d'une résistance au moins égale à celle des concurrents masculins. Du reste, en 1979, une femme a reçu la boucle de ceinture en argent remise à tous ceux qui terminent la Tevi's Cup Ride. C'était sa troisième. Et elle avait... 84 ans !

LE SAVIEZ-VOUS ?

La Tevi's Cup Ride

C'est le raid d'endurance réputé le plus difficile du monde. Il se dispute chaque année en Californie, au début du mois d'août, au moment de la pleine lune (afin que la nuit, les concurrents voient le moins mal possible). Arriver au bout de l'épreuve dans les vingt-quatre heures imparties est déjà une sorte d'exploit. Cependant, chaque année, le vainqueur couvre la distance en une douzaine d'heures seulement.

Bob Langrish

L'équipe suisse d'endurance en 1994 : beaucoup de gris !

LE RÔLE ESSENTIEL DES VÉTÉRINAIRES

Des courses sur de si longues distances peuvent amener à se poser cette question : si des chevaux se trouvent entre les mains de cavaliers incompétents ou inconscients, ne risquent-ils pas de perdre leur santé ou... pire ? La réponse est non.

DES CONTRÔLES SÉVÈRES

Au début de l'histoire des courses d'endurance, des excès ont été commis. Des chevaux ont été éreintés, usés, et parfois, hélas, tués par la fatigue. Depuis un bon nombre d'années, des contrôles vétérinaires ont été mis en place tout au long des parcours. Lors de chaque contrôle, les vétérinaires s'assurent que la monture du concurrent est apte à poursuivre la course. Fatigue musculaire, rythme cardiaque, problèmes de souffle, déshydratation, état des membres et des pieds font l'objet d'une sérieuse inspection. Seule la saine fatigue n'est pas prise en compte !

DES COMPÉTITIONS COMME LES AUTRES

Grâce à ces contrôles, les accidents sont devenus fort rares. Les raids d'endurance ne présentent aujourd'hui pas plus de risques pour les chevaux que n'importe quelle autre discipline pratiquée en compétition. Cela dit, des risques subsistent si le cavalier ne fait pas passer l'intérêt du cheval avant le sien !

Sorrel

Lors de ce contrôle, le vétérinaire écoute le rythme cardiaque du cheval.

Bob Langrish

BON A SAVOIR

La progression du cavalier en épreuves d'endurance est strictement contrôlée. Cela limite les risques de surexploitation du cheval. Un bon cavalier d'endurance, disposant d'une monture performante, peut songer à disputer des championnats nationaux et, pourquoi pas, internationaux. Ici le Golden Horseshoe d'Exmoor, en Grande Bretagne, en 1998.

Le choix du cheval d’endurance

Pour un cheval, couvrir rapidement de longues distances presque sans repos n’a rien de naturel. La monture d’endurance n’est donc pas tout à fait ordinaire. Et la choisir est fort délicat.

Bob Langrish

LA VOIX DE LA RAISON PLUTÔT QUE CELLE DU CŒUR

La plupart des chevaux achetés par des particuliers sont choisis sur un coup de cœur. Mais pour trouver un bonne monture d'endurance, capable d'aller loin dans cette discipline, il faut choisir avec sa raison.

LA RACE

On peut découvrir un champion d'endurance au sein de la plupart des races. Les chevaux d'origine arabe sont très recherchés, et beaucoup obtiennent de bons résultats. Mais on voit aussi des selles français plus ou moins mâtinés de pur-sang, des anglo-arabes et des races locales très variées.

ENTIER, JUMENT OU HONGRE ?

La réponse est relativement précise. Les résultats de la Tevi's Cup Ride, course d'endurance américaine réputée la plus difficile du monde, font nettement apparaître que le hongre est le plus fiable.

Pourquoi ? En premier lieu parce que, toutes pulsions sexuelles disparues, il se donne à sa tâche sans se laisser distraire. Mais un étalon ou une jument ne sont pas à écarter systématiquement. On peut citer des champions, telle l'Anglaise Ann Hyland, qui n'ont jamais engagé dans des raids d'endurance que des entiers ou des juments.

LA MORPHOLOGIE

Un cheval d'endurance doit avant tout être porteur, car il est appelé à demeurer sous

Les courses d'endurance ne mettent pas à l'épreuve le seul cheval : pour le cavalier aussi, c'est dur ! Pour s'engager dans cette discipline, vous devez trouver un véritable partenaire, près à vous suivre dans des courses parfois éprouvantes.

Bob Langrish

la selle de très longues heures. Les sujets trop longs sont à écarter. Ensuite, pour venir à bout des accidents de terrain (raidillons, contre-haut, contrebas, etc.) en économisant ses forces au maximum, il lui faut être doté d'une arrière-main puissante. Comme tout coureur, il lui faut du souffle, il doit donc être bien éclaté du devant. Ses membres sont obligatoirement secs et ses canons courts. De bons aplombs sont indispensables pour que les allures soient efficaces et que le cheval ne souffre pas des articulations. Les pieds ont une importance vitale : ils doivent être parfaitement sains et d'une corne très solide.

Bob Langrish

LE SAVIEZ-VOUS ?

Les pur-sang arabes sont résistants et frugaux. Leurs pieds sont d'une grande solidité et leurs allures naturellement rasantes et économiques. C'est pourquoi les origines arabes sont très recherchées en endurance.

LE MENTAL

Le cheval d'endurance doit avoir toutes les qualités du bon cheval de randonnée.

Il lui faut passer partout sans hésitation. Ni l'eau, ni le sable ou la boue, ni les déclivités ou toute autre difficulté ne l'arrêtent. Il doit posséder un tempérament vaillant et ne pas

Bob Langrish

GROS PLAN

Le cheval d'endurance doit être bon porteur : cherchez un dos court et large.

LE COIN DU PRO

Si vous devez essayer un cheval pour l'endurance, testez-le à la fois sur un sol profond et mou et sur un sol dur. Le sol mou met en évidence les problèmes ligamentaires et tendineux, le sol dur fera boitiller un cheval qui souffre des articulations ou de l'os naviculaire.

s'effrayer d'un rien. Il faut éviter un cheval qui bondit ou se trouve paralysé au moindre stress : assurez-vous qu'il garde ses moyens lors du passage d'un camion, en cas de bruit ou de mouvement insolite, face à un trou ou un plastique qui bruit.

Enfin, le cheval d'endurance doit posséder une bonne impulsion naturelle et beaucoup de cœur, pour aller de l'avant sans que son cavalier ait sans cesse à le solliciter. Cette qualité est toutefois susceptible d'évoluer avec le dressage !

Kit Houghton

LE CHAMPION À L'ESSAI

Même si l'on choisit un cheval destiné à l'endurance avec grand soin, il serait hasardeux de l'acheter sans le prendre à l'essai pour quelques jours.

Bob Langrish

LES ALLURES

Pour évaluer les capacités de l'animal, il faut procéder exactement comme si l'on commençait son entraînement en vue d'une épreuve.

En premier lieu, il convient de juger ses allures. S'il a été choisi avec des canons courts, ses avant-bras sont donc longs et fortement musclés. Cela lui permet d'éviter les mouvements trop amples – donc facteurs de fatigue – des antérieurs et lui donne des allures près du sol, rasantes, et par là même économiques.

LE FOND

Pour savoir si l'animal peut aller vite et loin, il suffit d'effectuer avec lui une longue journée de randonnée (six à dix heures sous la selle).

Mais sans jamais forcer le train, en entrecoupant de longues périodes de pas par quelques petits trots et galops, afin d'éviter la routine. Même si le cheval termine cette journée fatigué, ce n'est que le lendemain que l'on peut se faire une première idée de son endurance, en le montant une heure ou un peu plus.

Il ne rechigne pas à se mettre en route ? Il démarre au trot ou au galop sans se faire prier ? Il soutient une allure relativement rapide durant un bon moment, sans marquer de lassitude ? Alors, on a peut-être une graine de grand champion !

Les différentes épreuves d'endurance

En endurance comme sur les hippodromes, les courses se disputent sur des distances variables. Les favoris changent en fonction du temps qu'il fait et de l'état du terrain.

Bob Langrish

PETITES ÉPREUVES ET GRANDS CHAMPIONNATS

Un raid d'endurance se dispute sur une distance pouvant atteindre 200 kilomètres. Chaque cavalier doit couvrir la totalité du trajet avec un seul cheval dans un temps donné. La difficulté consiste à amener l'animal au bout de l'épreuve, fatigué, mais en parfait état.

RÈGLEMENT ET RÈGLEMENT

Des raids d'endurance sont organisés dans presque tous les pays d'Europe ainsi qu'en Australie, aux États-Unis, en Afrique du Sud. Les règlements qui régissent le déroulement des épreuves sont sensiblement les mêmes partout. Mais les règles concernant l'engagement peuvent changer.

Aux États-Unis, par exemple, n'importe qui peut se présenter au départ d'un raid avec le cheval qui lui convient. L'animal doit simplement être adulte – âgé de six ans – et présenté à un vétérinaire. Aucune preuve de compétence n'est demandée au cavalier.

En France au contraire, pour être engagé dans un raid, les concurrents comme les chevaux doivent avoir fait la preuve de leurs capacités dans une épreuve du niveau inférieur.

Il s'agit là de différences locales : un règlement international est en vigueur partout.

ATOUTS ET HANDICAPS

D'une épreuve à l'autre, la distance varie considérablement, de vingt kilomètres dans les courses de base à cent, cent cinquante, voire deux cents kilomètres dans les raids nationaux ou internationaux.

Naturellement, les épreuves les plus longues doivent être réservées aux chevaux les plus entraînés et les plus résistants. Mais, à entraînement égal, une même course ne présente pas le même degré de difficulté pour tous.

Tout dépend des conditions climatiques le jour du raid. Un animal supportant mal la chaleur est désavantagé en cas de canicule alors qu'un autre, mal à l'aise dans la boue, n'avancera que péniblement sous des averses répétées.

Par ailleurs, la géographie et l'importance des dénivelés favorisent ou handicapent, évidemment, certains chevaux.

le saviez-vous ?

Une grande épreuve

Depuis 1954, en août, se dispute en Californie la Tevi's Cup Ride, l'une des courses d'endurance les plus difficiles au monde. Les concurrents doivent y couvrir en moins de vingt-quatre heures une distance de 160 kilomètres émaillée de nombreuses difficultés.

La chaleur est à redouter en cette période de l'année. Et qui dit chaleur dit risques de déshydratation pour les chevaux... Le terrain, souvent rocailleux, est couvert sur une cinquantaine de kilomètres d'une fine poussière... La piste dégringole dans deux canyons profonds de près de mille mètres. Et, une fois au fond, il faut bien sûr remonter...

La moitié des concurrents abandonne ou est éliminée par les vétérinaires !

L'ENDURANCE EN FRANCE

En France, un système d'accession progressive aux grandes épreuves garantit que les chevaux ne sont pas engagés dans des courses qui dépassent leurs possibilités.

GROS PLAN
La forme avant la vitesse

Le classement tient compte de deux critères :

- la vitesse moyenne sur l'ensemble du parcours ;
- la récupération, mesurée par la fréquence cardiaque du cheval au contrôle final.

Par exemple :

Si Quat'sous court plus vite que Sarouna mais récupère moins vite qu'elle, il sera classé derrière elle. La vitesse ne fait pas tout !

Kit Houghton

LE COIN DU PRO

Une discipline épuisante

La qualification dans une épreuve vous ouvre l'accès à une épreuve de niveau supérieur. Mais soyez raisonnable et n'abusez pas de votre cheval : l'endurance est une discipline épuisante. Il est préférable de courir au moins deux épreuves de même niveau avant de passer à l'épreuve de niveau supérieur. Officiellement, un cheval ne peut courir deux raids à moins de quinze jours d'intervalle. Dans son intérêt et dans le vôtre, il faut parfois laisser passer plus de temps.

Le degré et le nombre des difficultés rencontrées durant la course varient en fonction du niveau de celle-ci. Cela va du simple gué aux gorges profondes !

Bob Langrish

Bob Langrish

Plus l'épreuve est longue, plus le rôle de l'équipe suiveuse est important.

BON A SAVOIR
Du côté des papiers

Pour être admis dans un raid d'endurance en France, le cheval doit être muni de documents d'origine ou d'un carnet d'identification SIRE. Les vaccinations doivent être à jour.

Le cavalier doit être en possession d'une licence fédérale 5e catégorie ainsi que de la carte de qualification en endurance délivrée par le CNRE (Comité national des raids d'endurance) – éventuellement sur le lieu de l'épreuve.

ENSEMBLE OU SÉPARÉMENT

Le système de qualification est simple : un cheval et un cavalier qualifiés (ensemble ou séparément) pour une épreuve peuvent participer à l'épreuve de niveau supérieur car, dit le règlement, « Tous les chevaux et cavaliers ayant terminé l'épreuve à la vitesse imposée, et non éliminés pour raisons vétérinaires ou réglementaires, sont qualifiés à l'issue de l'épreuve. »

QUALIFICATIVES 1 ET 2 ET RELAIS

Ces épreuves sont ouvertes à tous et se courent sur 20 à 40 km à vitesse imposée (entre 10 et 13 km/h selon les difficultés du terrain).

Le cheval ou le poney doit être âgé de 4 ans au moins. Les cavaliers de moins de douze ans peuvent participer à l'épreuve s'ils sont accompagnés d'un adulte.

RÉGIONAL 1 ET RÉGIONAL 2

Pour être admis, le cheval et le cavalier doivent avoir effectué au moins une épreuve qualificative avec succès. Le raid se court sur 40 à 60 km à vitesse imposée (de 12 à 15 km/h). En régional 1, le cheval doit être âgé de 5 ans au moins et le cavalier de plus de 12 ans.

PRÉNATIONAL

N'y participent que les chevaux et les cavaliers qui se sont classés dans une course régionale. La distance est de 90 à 110 km, à couvrir à vitesse imposée (de 12 à 16 km/h). L'âge est le même que pour le régional 1.

NATIONAL

Réservés aux chevaux et aux cavaliers ayant participé avec succès à une course prénationale, ces raids se courent à vitesse libre, sur une distance égale ou supérieure à 130 km. Le cavalier doit avoir au moins 14 ans, le cheval au moins 6 ans.

Le cavalier d'endurance

Vous croyez que, pour participer à un raid d'endurance, il suffit d'être habitué à demeurer longtemps en selle ? Sans doute ignorez-vous ce que cette discipline exigeante demande de connaissances et d'entraînement.

Bob Langrish

PASSAGES OBLIGÉS POUR DEVENIR CHAMPION

N'importe quel cavalier normalement constitué peut tâter de la course d'endurance. Mais pour devenir vraiment responsable de son cheval et en faire un bon coéquipier, il faut beaucoup pratiquer et beaucoup apprendre.

DES NERFS SOLIDES

Participer à une course d'endurance, c'est chercher sans cesse à obtenir de sa monture une performance maximum sans jamais outrepasser ses capacités, car il ne faut pas hypothéquer sa santé physique ou mentale. C'est dire que la première qualité du bon cavalier d'endurance est l'aptitude à être parfaitement à l'écoute de son cheval. Et de lui seulement ! Au cours d'une épreuve, vous serez peut-être tenté de considérer la place des autres concurrents et d'en tenir compte pour forcer l'allure et les distancer. Mais mieux vaut écarter la tentation.

Seules comptent vraiment les possibilités de votre coéquipier à quatre sabots. Ses possibilités peuvent d'ailleurs vous faire gagner sans même que vous vous en aperceviez !

Si vous êtes vraiment attentif aux réactions de votre cheval, vous comprendrez que, parfois, il n'a pas les moyens de boucler l'épreuve sans risque.

Alors, vous ne devrez pas hésiter à abandonner. En endurance, il faut beaucoup de bon sens pour bien finir et des nerfs solides plus une bonne dose de philosophie pour ne pas finir…

LA FORME

L'endurance ne demande pas de qualités physiques particulières. Cependant, pour demeurer à cheval trois, cinq, dix heures ou plus selon les épreuves, il est indispensable d'être en forme, en souffle, et tout à fait à son aise en selle.

Pour acquérir cette forme et la conserver, il tombe sous le sens que rien ne vaut de longues sorties en extérieur – qui peuvent être celles au cours desquelles on entraîne une monture. L'équitation sollicite des muscles qui, d'habitude, ne travaillent guère.

La première qualité du bon cavalier d'endurance, c'est d'être parfaitement à l'écoute de son cheval et de ses besoins.

Bob Langrish

Kit Houghton

LE COIN DU PRO

Pour demeurer à cheval de longues heures durant, presque toujours en suspension, et parcourir à pied les difficultés importantes, le cavalier doit être bien en selle, en forme et en souffle. Les longues sorties en extérieur, avec beaucoup de suspension, préparent aussi bien le cheval que celui qui le monte.

Il est bon de faire suivre chaque longue sortie en selle d'une séance de natation. Car la nage, activité décontractante, est reconnue depuis longtemps complémentaire de l'équitation.

MARCHE À PIED

Une course d'endurance équestre n'est évidemment pas une course à pied. Cependant, le cavalier doit être bon marcheur pour être en mesure de ménager les forces de sa monture.

En quittant sa selle de temps à autre, il soulage le cheval tout en délassant ses propres genoux, très sollicités par la monte en suspension. Il met surtout pied à terre pour franchir les passages demandant des efforts violents au cheval, tels que pente très déclive ou côte raide.

Pour pouvoir calquer son allure sur celle de sa monture, il lui faut bien sûr être un marcheur sérieusement entraîné. Un peu de jogging plusieurs fois par semaine sera très profitable.

Le cavalier d'endurance doit aussi être un peu voltigeur pour pouvoir sauter à terre et en selle sans arrêter son cheval, ce qui casserait sa cadence.

UN SOIGNEUR DE QUALITÉ

Le cheval d'endurance est un athlète de haut niveau. Il ne peut donc être soigné que par celle ou celui qui connaît parfaitement ses besoins et sait comment les satisfaire.

CÔTÉ PSYCHOLOGIE

Impossible de tirer le meilleur d'un cheval sans connaître parfaitement son tempérament. Le cavalier d'endurance doit

Kit Houghton

BON A SAVOIR

Un bon cavalier d'endurance entraîne luimême sa monture afin de contrôler tous les aspects de son entraînement. Il mesure ainsi l'importance d'inculquer des bases de dressage – réponse fine aux aides, travail en équilibre, cession de la nuque, etc.

apprendre sa monture par cœur. Il doit en particulier savoir si l'animal se laisse rapidement dominer par la fatigue et interrompt ses efforts avant l'épuisement, ou si, au contraire, il a tendance à toujours en faire trop, à aller trop loin, à ne s'arrêter que quand il a franchi le cap de l'épuisement. Si on ne connaît pas ce point précis du tempérament d'un cheval, il est très difficile de bien doser les efforts qu'on lui demande.

ENTRE LES MENUS ET LE SAC À MALICES

Le cavalier d'endurance devient, par la force des choses, un spécialiste de l'alimentation du cheval. Car des menus soigneusement pensés et distribués en fonction de l'intensité du travail d'entraînement sont déterminants pour les progrès et les performances de l'athlète. Avec l'expérience, le cavalier d'endurance devient un débrouillard ; c'est nécessaire, car il doit quotidiennement résoudre une multitude de petits problèmes, améliorer sans cesse son matériel, sa technique, son intendance afin que ces détails n'entraînent pas une fatigue ou une perte de temps inutiles.

Bob Langrish

Quand le cheval montre des signes de fatigue intense, un bon cavalier d'endurance sait renoncer à finir la course.

BON POUR LE MORAL

Un moral à toute épreuve, des nerfs d'acier, des cuisses en béton... le cavalier d'endurance est l'homme ou la femme d'airain !

Bob Langrish

La ferrure du cheval d'endurance

La qualité du parage et de la ferrure sont d'une importance capitale pour le cheval d'endurance qui, au cours d'une épreuve, couvre jusqu'à 160 km.

Sorrel

DES « CHAUSSURES » SPÉCIALES

A l'entraînement, le cheval d'endurance couvre parfois des centaines de kilomètres en une semaine. C'est dire qu'il doit être bien « chaussé ».

A LA RECHERCHE DE FERS LÉGERS ET SOLIDES

La ferrure classique ne convient pas quand on veut entraîner un cheval d'endurance de façon sérieuse, surtout sur des terrains durs et abrasifs. Elle serait usée en quelques jours. Remplacer les fers fréquemment obligerait à en monter de nouveaux sur des sabots qui n'auraient pas suffisamment poussé. Dans la corne ainsi fragilisée, la nouvelle ferrure ne tiendrait pas bien longtemps.

On pose donc aux chevaux d'endurance, le plus souvent, des fers ordinaires à rainure et à couverture importantes, que l'on renforce de deux façons.

LES CÔNES INUSABLES

La première consiste à les munir de cônes de tungstène, métal très dur. Pour les fixer, le maréchal pratique des trous dans les fers, à raison de trois ou quatre à l'avant et d'un sur chaque éponge. Ces cônes relativement coûteux sont réutilisables d'une ferrure à l'autre. Ils évitent que les fers frottent trop sur le sol mais ne les préservent pas totalement de l'usure.

La ferrure doit être solide et légère : un kilo au pied du cheval équivaut à dix sur son dos.

Kit Houghton

Kit Houghton

LE BON GESTE

Quel que soit le système de ferrure choisi, il est indispensable de faire referrer un cheval d'endurance qui travaille régulièrement toutes les quatre semaines.On a ainsi la certitude qu'il conserve de bons aplombs. Rappelez-vous : « Pas de pied, pas de cheval ! » Surtout en endurance...

LE CORDON PROTECTEUR

Seconde solution : souder un cordon de métal dur, tout le long des fers, sur la bordure externe. Ce système permet de faire durer la ferrure très longtemps.

Cependant, attention ! Il existe une gamme très étendue de métaux durs, difficilement reconnaissables par l'amateur car ils sont désignés par des chiffres ou des sigles assez semblables.

Or, si certains sont d'excellents antidérapants, d'autres rendent les fers extrêmement glissants. Il faut donc faire des essais pour trouver les bonnes baguettes.

ASSURANCE ANTI-BLEIMES

Il n'est pas rare, au cours d'un raid, qu'un cheval soit arrêté pour une légère boiterie, due à une bleime, contusion des tissus situés sous la corne.

Le meilleur moyen de prévenir ce genre d'accident, qui met fin à la compétition, est de poser des fers à plaque. Bien que les bleimes soient plus fréquentes aux antérieurs qu'aux postérieurs, il est bon de protéger les quatre pieds.

Les plaques doivent être découpées à la forme du fer dans du cuir, du plastique épais ou, tout bonnement, du caoutchouc. Le fer se broche sur cette plaque, qui recouvre ainsi la sole et la fourchette. Mais entre la plaque et la sole se trouve un vide dans lequel, au cours de la marche, peuvent s'introduire de la terre et de dangereux cailloux. On le comble avec des produits en bombe, qui se répartissent parfaitement et

Bob Langrish

Adressez-vous à un maréchal-ferrant très compétent, capable de respecter parfaitement les aplombs, et spécialisé dans l'endurance.

Sorrel

sont très souples. A défaut, on peut bourrer le trou de filasse imprégnée de goudron norvégien, qui protège la corne en lui conservant son élasticité.

Les plaques présentent en outre deux avantages. Elles ajoutent au système amortisseur du pied un autre amortisseur ; elles évitent que la chaleur des fers due au frottement – qui peut être élevée – ne se propage aux pieds eux-mêmes et à leurs parties vives.

En deux mots, elles sont un sérieux élément de confort pour le cheval. Néanmoins, à long terme, elles favorisent la macération de la sole, qui ne respire plus. L'idéal consiste à les faire poser huit jours avant une épreuve et à les retirer après.

UNE BONNE IDÉE PARMI DE MOINS BONNES

Les problèmes que posent les fers, particulièrement en endurance, ont suscité de nombreuses inventions. Aucune n'a encore détrôné la bonne vieille ferrure.

DES TENTATIVES INUTILES

Pour disposer de « chaussures » pour chevaux, à la fois légères, solides et constituant de bons amortisseurs, que d'essais n'a-t-on pas fait ! On a vu des « fers » en plastique, se brochant ou se collant sur le sabot, d'autres en métal léger, articulés et enrobés de caoutchouc. Et des dizaines d'autres innovations, qui ont toutes été plus ou moins rapidement oubliées, car elles ne valaient pas les vrais fers.

UN RETOUR AU PASSÉ ?

Outre le fer, il n'existe actuellement qu'une seule autre possibilité. Il s'agit tout simplement de l'antique hipposandale, mais sérieusement améliorée. Elle est devenue une véritable chaussure en plastique. Elle s'enfile sur le sabot du cheval auquel elle se fixe en quelques secondes au moyen d'un câble et d'une petite crémaillère. Avantages : ces hipposandales sont très légères ; souples, elles absorbent les chocs ; solides, elles résistent à l'usure. Et lorsqu'on les change, il n'y a pas à utiliser de clous. Inconvénient : pour éviter une compression prolongée du pied, il faut les ôter sitôt le travail terminé.

LE COIN DU PRO

Le parage et le type de ferrure peuvent modifier sérieusement les performances du cheval d'endurance. Le problème du parage est très délicat : l'angle que forme la paroi avec le sol a une grande importance. On considère en général que cet angle doit être égal à celui de l'épaule du cheval par rapport à l'horizontale.

Position et aides en endurance

Se pencher sur ce problème peut sembler superflu. Mais, lors d'un raid, le moindre détail peut modifier la performance du cheval. Travailler son équilibre et étudier la meilleure façon de soulager sa monture font donc partie de l'entraînement du cavalier d'endurance.

Bob Langrish

A CHEVAL SUR L'EFFICACITÉ

En endurance, comme dans toutes les disciplines, la position du cavalier doit surtout viser à l'efficacité : il faut donc choisir celle qui épargne le cheval sans épuiser le cavalier.

TROTTER ASSIS OU EN SUSPENSION ?

Les cavaliers d'endurance montent en général en suspension, au trot aussi bien qu'au galop. Cette position, éprouvante pour le cavalier, permet en principe de ménager le cheval.

Hélas, bien des cavaliers, la fatigue aidant, pratiquent en fait le trot enlevé. Et, comme ils n'en sont pas conscients, ils ne changent pas régulièrement de diagonal. Ils fatiguent donc un diagonal de leur monture plus que l'autre.

Il serait préférable de trotter assis ou de pratiquer un véritable trot enlevé avec changement de diagonal régulier. Surveillez votre suspension !

AU GALOP, SUSPENSION OBLIGATOIRE

Il n'y a qu'un moyen de multiplier les temps importants de petit galop sans éreinter sa monture : peser le moins possible sur son arrière-main.

Sorrel

BON A SAVOIR
Précautions

Si vous employez beaucoup la suspension, vous amortissez énormément avec vos genoux. Au cours d'une course, ceux-ci risquent de vous faire souffrir. Pour les soulager, deux moyens s'offrent à vous : ôter les étriers quand vous êtes au pas pour laisser pendre librement vos jambes ; marcher à pied, même brièvement mais souvent (ce qui est bon, aussi, pour le cheval).

Sorrel

Sorrel

La seule manière efficace d'y parvenir consiste à galoper en suspension. A cette allure, les deux diagonaux du cheval sont également sollicités et on ne risque donc pas de déséquilibrer sa musculature.

ACCIDENTS DE TERRAIN

Tout jeune cavalier apprend à se tenir en selle en terrain accidenté. La technique est simple : il faut laisser le bas de son corps suivre les mouvements du cheval tout en conservant le buste vertical.

Mais, en endurance, toujours par souci de ménager l'arrière-main, moteur de sa monture, on doit aller plus loin. En descente, il faut savoir trouver le juste équilibre entre une position trop droite, qui pèse sur les épaules du cheval, et une inclinaison du buste vers l'arrière trop prononcée, qui lui « écrase » les jarrets.

En côte, le cavalier doit se soulever sur ses étriers et accompagner franchement le mouvement, quitte à attraper une poignée de crins.

DES AIDES PLUS QUE DISCRÈTES

Avec un cheval d'endurance expérimenté, qui atteint sa troisième ou quatrième saison de course, les aides deviennent quasiment inutiles. Car l'animal sait ce que signifie un départ de raid et, en habitué, fait son travail presque seul.

A ÉVITER

Le cavalier doit beaucoup s'entraîner (à cheval, mais aussi en pratiquant la marche et la course à pied, le vélo, la natation) afin d'obtenir une suspension « économique », qui est celle où l'on parvient à rester longtemps dans une position équilibrée et souple avec des étriers relativement longs. Surtout, il doit veiller à ne jamais s'aider des rênes pour compenser sa fatigue : l'appui sur la bouche ne tarde pas à fatiguer, voire à démoraliser le cheval.

Bob Langrish

Bob Langrish

LES AIDES ARTIFICIELLES

Cravache et éperons n'ont pas leur place en endurance. Pourquoi ? Parce qu'on ne pousse pas un cheval durant de longues heures avec des coups. Le forcer ainsi le dégoûterait à coup sûr d'être monté, de travailler, de se livrer avec générosité.

Les enrênements, eux, n'ont de véritable utilité que pour les premiers concurrents, qui ouvrent la piste. Les montures des suivants empruntent généralement d'elles-mêmes le chemin marqué par l'odeur de leurs congénères.

LES AIDES NATURELLES

Le poids du corps a une grande importance puisque son déplacement conditionne la fatigue du cheval. Assurez-vous que vous n'avez pas tendance à peser plus sur une fesse que sur l'autre, à prendre appui inégalement sur vos deux étriers.

Un décalage, même minime, peut se traduire chez votre monture, au cours d'un long raid, par des contractures ou, même, un début de boiterie.

Les jambes, comme lors de tout travail, canalisent et stimulent le cheval. Les mains, elles, doivent surtout se faire oublier, sauf pour récompenser et encourager le cheval en le caressant à bon escient ! Quant à la voix, comme très souvent, elle demeure l'élément essentiel de communication entre le cavalier et sa monture. Notamment lors des nombreux passages où le cavalier est à pied.

Sorrel

La vitesse en endurance

Un raid d'endurance n'est pas une course de vitesse. Pourtant, c'est le cheval qui arrive le premier au bout de l'itinéraire, ou du circuit, qui gagne. Gérer la vitesse est donc primordial.

Sorrel

GÉRER LA VITESSE EN ÉPREUVE

Fatigue et chaleur sont les ennemis du cheval d'endurance. Pour obtenir une bonne vitesse moyenne sur l'ensemble du parcours, le cavalier doit constamment régler l'allure en tenant compte des facteurs extérieurs.

GARE AU DÉPART EN FLÈCHE

Au départ d'une course, les chevaux sont souvent énervés. Pleins d'énergie, ils risquent d'adopter une allure très active, qui va brûler leurs ressources avant la fin de la course. Il est important de tempérer l'allure du cheval sur la première boucle et, surtout, de ne pas prendre le départ à allure vive. Lors de la première demi-heure, il faut parvenir à contenir son cheval sans engager une lutte épuisante pour lui comme pour vous. Reprenez et rendez en alternance. A la fin de la première demi-heure, repassez au pas pour laisser retomber l'énervement accumulé et permettre au cheval de trouver son second souffle.

Un petit galop est parfois plus économique qu'un trot très actif.

Lorsqu'on est en groupe, il est plus difficile de bien estimer sa vitesse.

BON A SAVOIR

Si vous travaillez en groupe, sachez que la sensation de vitesse n'est pas la même selon que l'on est en tête ou non. Changez donc de place régulièrement.

Kit Houghton

Si la descente est longue, descendez... de cheval !

Bob Langrish

EN FONCTION DU TERRAIN

Vous devez impérativement adapter votre vitesse au terrain. Sur un terrain glissant ou légèrement caillouteux, vous pouvez rester au trot à condition de ralentir l'allure et d'adopter une position qui soulage l'avant-main.

Sur un terrain franchement pierreux, il vaut mieux repasser au pas.

Les terrains profonds ou collants sont épuisants pour le cheval et mettent ses tendons et ses articulations à rude épreuve.

Il faut beaucoup ralentir, repasser au pas si nécessaire, et surveiller la respiration.

L'effort risque, sinon, de devenir beaucoup plus intense et votre monture aura besoin d'une longue phase de récupération.

MONTÉES ET DESCENTES

En montée et en descente, vous devez ralentir. Attention, la plupart des chevaux ont tendance à accélérer en abordant une côte et sont, de ce fait, complètement essoufflés à mi-côte. Vous devez donc imposer le ralentissement.

Si la montée est longue ou abrupte, repassez au pas. Votre vitesse moyenne en souffrira moins que si votre cheval s'asphyxie en montant à vive allure.

Une descente prise à allure vive risque d'abîmer le dos et les membres du cheval. Repassez au pas et, si la pente est longue, descendez de cheval. Dans tous les cas, reculez les épaules pour soulager l'avant-main du cheval.

CHALEUR, HUMIDITÉ : RALENTISSEZ !

L'évacuation de la chaleur au cours de l'effort est fondamentale. En cas de surchauffe, le... moteur risque l'explosion ! Les conditions climatiques ont une telle influence sur les performances du cheval et, surtout, sur son état que le règlement accorde au jury le droit d'augmenter le temps minimum d'une épreuve si le climat est éprouvant.

Si la chaleur est élevée, vous devez ralentir l'allure et rafraîchir plus souvent votre cheval. De même, un degré d'hygrométrie (taux d'humidité de l'air) élevé gêne l'évacuation de la chaleur. Là aussi, il faut diminuer la vitesse.

ESTIMER LA VITESSE

Pour apprendre à estimer la vitesse à laquelle votre cheval se déplace, vous devez pratiquer des mesures précises.

UN BON KILOMÈTRE

Avant toute chose, trouvez un kilomètre de terrain plat et souple – le bord d'une petite route de campagne peu fréquentée, par exemple. S'il y a des bornes, votre kilomètre

Kit Houghton

Un chemin pierreux se parcourt au pas.

est tout trouvé. Sinon, faites la mesure à l'aide du compteur d'une voiture ou, si vous êtes à pied, d'un podomètre bien réglé.

MESURER LA VITESSE

Votre cheval étant détendu et échauffé, faites-lui parcourir ce kilomètre au trot. Laissez-lui adopter sa cadence naturelle. Chronométrez le temps qu'il met à parcourir ce kilomètre. Vous avez ainsi une allure « étalon ». Parcourez ensuite le kilomètre à différentes vitesses, au trot et au galop, en vous chronométrant.

Vous devez repérer, au trot et au galop, tous les éléments qui vous permettent d'apprécier la vitesse :

– la cadence des foulées et le rythme de la respiration du cheval ;

– l'amplitude de l'allure ;

– le déroulement du sol sur le côté du cheval.

LA VITESSE MOYENNE

Lors d'une épreuve, l'objectif est de maintenir une vitesse moyenne. Pour connaître la vitesse moyenne nécessaire pour courir une distance donnée dans un temps donné, il faut multiplier la distance par 60, puis diviser la somme obtenue par le temps imparti en minutes.

Par exemple, si vous devez parcourir 20 km, et que vous avez pour cela 1 h 40 (= 100 mn), le calcul est :

$$\frac{60 \times 20}{100} = 12$$

Votre vitesse moyenne sera de 12 km/h. Bien entendu, elle sera le résultat des différentes vitesses que vous adopterez, les temps de pause étant pris en compte.

GROS PLAN

Vous savez estimer la vitesse de votre cheval, le tableau ci-dessous vous aidera à choisir votre allure.

allure	distance	vitesse	temps
trot	1 km	12 km/h	5 mn
	1 km	13 km/h	4 mn 37
	1 km	14 km/h	4 mn 17
	1 km	15 km/h	4 mn
galop	1 km	15 km/h	4 mn
	1 km	16 km/h	3 mn 45
	1 km	17 km/h	3 mn 32

Raid d'endurance : le jour de l'épreuve

Un raid d'endurance n'est qu'un aboutissement, qui prouve que l'entraînement du cheval et la préparation de l'épreuve ont été judicieux et sensés... ou non.

Sorrel

Bob Langrish

Même si vous êtes en groupe, vous devez penser à surveiller les balises.

LA LONGUE PISTE

Même pour les cavaliers les plus expérimentés, le jour d'une course est un grand jour. Il promet de longues heures en selle, mais aussi une lutte avec les autres concurrents et, surtout, avec soi-même.

MISE AU POINT

En arrivant sur le lieu de l'épreuve, vous devez vous présenter à l'accueil où l'on vous remettra votre dossard, la carte du parcours et la carte vétérinaire, cette dernière étant à présenter à chaque contrôle. Profitez-en pour vous renseigner sur le kilométrage exact et sur les difficultés éventuelles (gué, traversée de route, etc.).

Étudiez la carte et repérez les lignes de départ et d'arrivée, les points d'eau, les difficultés, l'aire des contrôles vétérinaires. Calculez la vitesse moyenne nécessaire en fonction du kilométrage et des difficultés, puis préparez, avec votre équipe suiveuse, tous les points de rencontre.

AVANT LE DÉPART

Bridez et sellez le cheval, sans le sangler trop fortement, environ quinze minutes avant le départ. Promenez-le quelques minutes en main pour permettre au harnachement de bien se mettre en place. Mettez-vous en selle huit à dix minutes avant l'heure du départ.

Faites marcher le cheval et procédez à quelques assouplissements pour vous assurer que tout est en ordre. L'échauffement peut se faire sur le début du parcours à condition de démarrer lentement pour permettre une mise en route progressive de l'effort.

LE COIN DU PRO

Le jour de l'épreuve, votre cheval doit impérativement avoir reçu sa dernière ration deux heures à deux heures et demie avant le début de la course.

LA PREMIÈRE BOUCLE

Présentez-vous sur la ligne de départ et, au top, déclenchez votre chronomètre et partez doucement. Les chevaux sont souvent assez excités sur le départ de la première boucle. Il est toutefois important de ne pas les laisser aller trop vite au début du parcours. Évitez aussi la « bagarre », qui ferait perdre une énergie précieuse à votre monture. Reprenez et rendez.

Durant tout le trajet, pensez à bien repérer les balises : se perdre, c'est gaspiller les efforts du cheval. Soyez sans cesse préoccupé de votre cheval et faites tout pour l'aider. Vérifiez que vous respectez les moyennes prévues et ne cherchez pas à prendre de l'avance : cela ne servirait qu'à épuiser votre compagnon.

LA HALTE

A la fin de la première étape, au moment où vous franchissez la ligne, le chronométreur inscrit votre heure d'arrivée et vous indique votre heure de départ pour la seconde étape (une heure plus tard).

Vous devez consacrer la première demi-heure de la pause au cheval et l'aider à récupérer dans les meilleures conditions possibles. Laissez-le souffler et se détendre, retirez le harnachement (qui doit être nettoyé et séché pendant la pause par votre équipe suiveuse), rafraîchissez et donnez à boire.

A la fin de cette demi-heure, vous devez présenter le cheval au vétérinaire.

Ensuite, ramenez le cheval au calme et donnez-lui éventuellement une petite ration très digeste (environ un litre d'aliments floconnés ou de grains cuits avec, par exemple, des pommes et des carottes).

Profitez-en pour boire et manger un peu vous aussi.

Huit à dix minutes avant le départ, harnachez tranquillement votre cheval. Utilisez un tapis propre et sec. Mettez-vous en selle et présentez-vous sur la ligne de départ.

LA FIN DE LA COURSE

Il reste à parcourir la deuxième boucle : gérez bien l'énergie de votre cheval.

LE BON GESTE

Tous les 5 km environ, vous rencontrez votre équipe suiveuse : sous prétexte de gagner du temps, n'écourtez pas ces pauses. S'il faut entourer le cheval, il ne faut pas le stresser. Il doit pouvoir se détendre assez pour boire.

A la fin de la première demi-heure de pause, lors de la halte intermédiaire, le cœur du cheval ne doit pas battre à plus de 58 pulsations par minute.

Kit Houghton

UN BON MOMENT

La plupart des chevaux sont plus calmes sur ce second départ. Ils peuvent aussi, comme vous, être un peu raides et courbatus. Prenez soin de démarrer en douceur.

La seconde boucle est en général la plus agréable : le stress du départ est passé, vous êtes plus détendu, plus proche de votre cheval. Profitez-en !

L'ARRIVÉE

Lorsque vous avez franchi la ligne d'arrivée, vous devez encore vous consacrer à votre cheval et l'aider à bien récupérer avant le dernier contrôle vétérinaire, qui a lieu une demi-heure après l'arrivée et détermine votre qualification. Une fois qu'il est calme, donnez-lui à boire. Lorsque ce contrôle est passé, complétez les soins. Mettez le cheval à l'abri des courants d'air mais aussi de la chaleur. Couvrez-le, si nécessaire, avec une chemise ou une couverture. Le cheval ne doit pas manger, à part un peu d'herbe ou de foin, pendant les deux heures qui suivent la course.

Durant la course, vous devez continuellement être attentif à votre cheval et tout faire pour l'épargner. Pensez à lui avant de penser à vous.

Kit Houghton

BON A SAVOIR

Lors de la halte intermédiaire, après le contrôle vétérinaire, vous pouvez donner des électrolytes, à condition que cela ne coupe pas l'appétit de votre cheval et ne l'empêche pas de manger une ration légère et rafraîchissante.

Un raid d'endurance ne doit pas se transformer en course pédestre pour le cavalier. Mais il est bon de descendre sur les pentes trop raides et de décharger le cheval de votre poids de temps à autre ; même en terrain plat.

Farissier/Cogis

L'équipement du cheval d'endurance

En endurance, l'effort est long, si long ! Pour le confort du cheval, vous devez prévoir un matériel très confortable, solide et adapté à sa morphologie. Sur ce point, pas d'économie.

Kit Houghton

LES GROSSES PIÈCES...

La selle est au cheval d'endurance ce que le sac à dos est au randonneur : une merveille si elle est bien faite, une calamité si elle ne lui convient pas.

LA SELLE

Il existe de nombreux modèles de selles d'endurance, conçus spécifiquement pour cette discipline. Ils ont tous en commun d'être d'un poids très modeste. On peut cependant employer d'autres selles, quel qu'en soit le type. Mais, attention, une bonne selle d'endurance doit répondre à trois critères.

- Elle doit s'adapter parfaitement à la conformation de la monture et, notamment, respecter son garrot, ne pas exercer de frottements latéraux au niveau du troussequin.
- Sa surface d'appui doit lui permettre de reposer uniformément sur le dos du cheval. Ainsi le poids du cavalier se répartit régulièrement, sans créer de points de pression (attention à la selle qui ne repose que sur l'avant, l'arrière restant soulevé).
- Son arçon doit être suffisamment ouvert afin que la surface en contact avec l'animal soit le plus large possible, sans toutefois appuyer sur son garrot.

BON A SAVOIR
Étriers américains

Les étriers américains ont presque tous un large plancher. De plus, certains sont montés d'origine avec une coquille à l'avant.

A l'entraînement comme en compétition, le matériel doit être simple, léger, confortable et, surtout, parfaitement adapté à la morphologie du cheval.

Farissier/Cogis

Bob Langrish

Le tapis d'amortissement est capital : il protège le dos du cheval. Le sous-tapis en coton peut être changé lors des haltes pour permettre au cheval d'être toujours sec.

LES ÉTRIERS

Durant la course d'endurance, le cavalier monte pour une bonne part en suspension ; il demeure parfois des heures en appui sur les étriers. Il vaut donc mieux choisir ceux-ci à large plancher, de manière à ce qu'ils ne cisaillent pas les pieds.

Comme il doit souvent marcher à pied, le cavalier d'endurance ne porte pas toujours des bottes ou des chaussures à talon. Les pieds risquent donc de glisser en avant dans l'étrier et de s'y coincer. Pour éviter ce genre d'incident parfois dangereux, il suffit de munir les étriers d'une coquille de sécurité à l'avant.

LES TAPIS DE SELLE...

Il y a d'abord le tapis amortisseur, qui permet de limiter les effets des secousses que reçoit le dos du cheval. Il est en feutre, en laine, en mousse ou en gel. Les amortisseurs de dos en gel sont parfois très épais et « éloignent » beaucoup le cavalier de sa monture, ce qui peut être gênant. Ce tapis est utilisé pendant l'entraînement et tout au long d'une épreuve. Il se place directement sous la selle.

Entre le dos du cheval et le tapis amortisseur, on place un tapis de coton. Il absorbe la sueur et protège le tapis amortisseur, qui reste ainsi propre et sec. Emportez plusieurs tapis de coton propres et secs pour chaque épreuve, cela vous permetra d'en changer lors des haltes.

... ET LES PETITES PIÈCES

Lorsqu'on parle de harnachement, on pense principalement à la selle. Ce serait pourtant une grosse erreur d'oublier les détails car ils comptent beaucoup.

LES EMBOUCHURES

En endurance, l'embouchure joue bien sûr le même rôle que dans toutes les autres disciplines équestres. Cependant, le cheval la porte des heures durant. Si l'embouchure

GROS PLAN

Protections à mi-temps

Certains chevaux ont besoin de protections pendant une partie de l'épreuve seulement : parce qu'ils s'atteignent uniquement au départ, par énervement, par exemple, ou, au contraire, en fin de parcours, à cause de la fatigue.

choisie ne lui convient pas, il risque de raidir sa bouche, sa nuque et son encolure. Ces tensions nuisent, bien sûr, à ses performances, entraînent des efforts inutiles et accroissent sa fatigue. Un mors inadapté joue également sur le moral du cheval.

LA MUSEROLLE

Le port de la muserolle n'est généralement pas nécessaire en endurance, mais il l'est si la tête du cheval présente une morphologie très particulière. Dans la mesure du possible, il est préférable de s'en passer afin de permettre au cheval d'ouvrir la bouche à volonté, de respirer tout à fait librement et de boire à son aise.

LES RÊNES

En endurance, les rênes sont souvent mouillées – par la sueur du cheval, par l'arrosage régulier à l'éponge, mais aussi par l'eau de pluie et par celle des ruisseaux et rivières que l'on traverse. Leur première qualité doit donc d'être de résister à l'eau et de sécher facilement.

Choisissez des rênes peu glissantes : cuir tressé, caoutchouc à picots, etc.

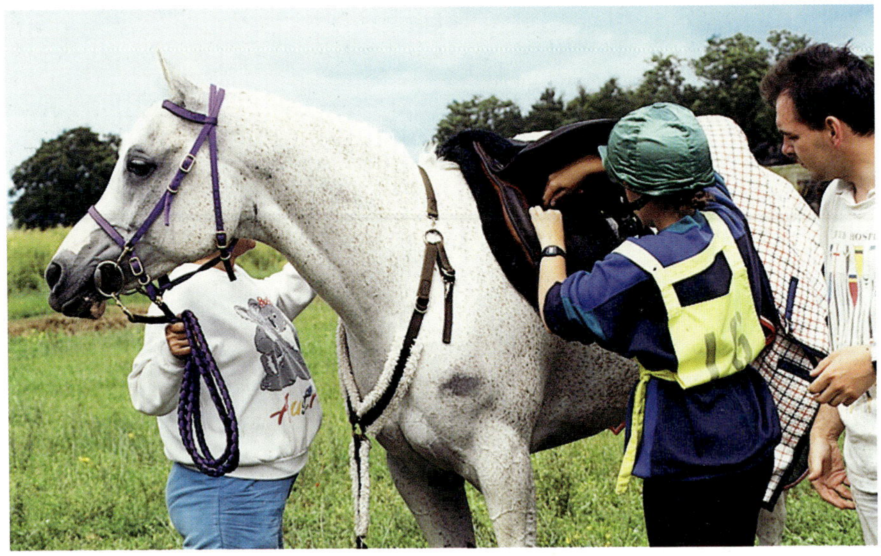

Kit Houghton

BON A SAVOIR
L'effort de propreté

Il faut profiter des haltes vétérinaires, où l'on dispose d'un peu de temps, pour veiller à ce que tout le harnachement demeure parfaitement propre. Le tapis de selle en coton doit être changé, la sangle et les montants lavés, etc.

LES PROTECTIONS

Les guêtres et autres protections risquent de s'alourdir d'eau et de boue – donc d'alourdir le cheval. Du sable ou d'autres impuretés se glissent entre la protection et la peau du cheval, provoquant des frictions qui peuvent entraîner des lésions plus ou moins importantes. Voilà pourquoi on évite, dans toute la mesure du possible, l'usage des guêtres. Si elles sont indispensables – parce que le cheval présente un défaut d'aplomb, par exemple – il faut les choisir avec beaucoup de soin : légères, confortables, s'ajustant parfaitement aux membres du cheval et séchant rapidement. On n'emploie jamais des protections neuves pour partir en course : elles doivent être déjà « faites » au cheval.

Les protections ont de nombreux inconvénients en endurance : il ne faut les employer qu'en cas de nécessité absolue.

Kit Houghton

LE BON GESTE

Pour rendre les rênes imperméables et souples, mais non glissantes, passez-les à l'huile de pied de bœuf. Attendez quelques jours avant de les utiliser : l'eau glissera sur elles comme sur les plumes d'un canard !

Les suiveurs en endurance

L'équipe qui assiste un concurrent au cours d'un raid d'endurance a un rôle si important qu'on pourrait la qualifier de « meneuse » plutôt que de « suiveuse ».

Sorrel

UNE RÉUSSITE À TROIS

C'est un trio qui se lance dans un raid : le cheval, son cavalier et l'équipe qui les assiste tout au long de l'épreuve.

LE TRIO

La performance d'un cheval ou d'un poney d'endurance est, bien sûr, fonction de ses aptitudes naturelles, de la qualité de son entraînement, de sa condition le jour de la course. Les connaissances de son cavalier, son sang-froid, ses capacités d'adaptation comptent presque autant. Mais la réussite d'une course dépend aussi beaucoup de la compétence de l'équipe suiveuse.

LE RÔLE DES SUIVEURS

En course, les suiveurs doivent fournir au cheval et au cavalier tout ce dont ils peuvent avoir besoin : eau, matériel, pièces de harnachement ou vêtements, ainsi que tous les renseignements nécessaires. Aux haltes, les suiveurs prennent soin des deux athlètes pour que ceux-ci récupèrent au mieux. Leur action est donc cruciale.

UNE ÉQUIPE SOUDÉE

L'équipe suiveuse est généralement composée des membres de la famille du concurrent ou d'une poignée d'amis passionnés d'endurance. Pour la souder, rien de tel que d'inverser les rôles lors de certaines épreuves ou que de faire participer activement les suiveurs à l'entraînement du cheval. Ils sont ainsi parfaitement au fait des problèmes rencontrés sur la piste et des moyens à mettre en œuvre pour les résoudre.

Dans tous les cas, il faut que cette équipe soit dirigée par une personne compétente. Celle-ci doit avoir acquis de l'expérience au cours d'épreuves qualificatives, d'abord, puis régionales, et avoir participé à un raid à vitesse libre, le plus délicat à gérer.

A NE PAS FAIRE

Un véhicule suiveur ne doit en aucun cas emprunter un chemin non goudronné faisant partie de l'itinéraire du raid.

Pendant la pause, les suiveurs s'occupent du cheval pour permettre au cavalier de souffler un peu.

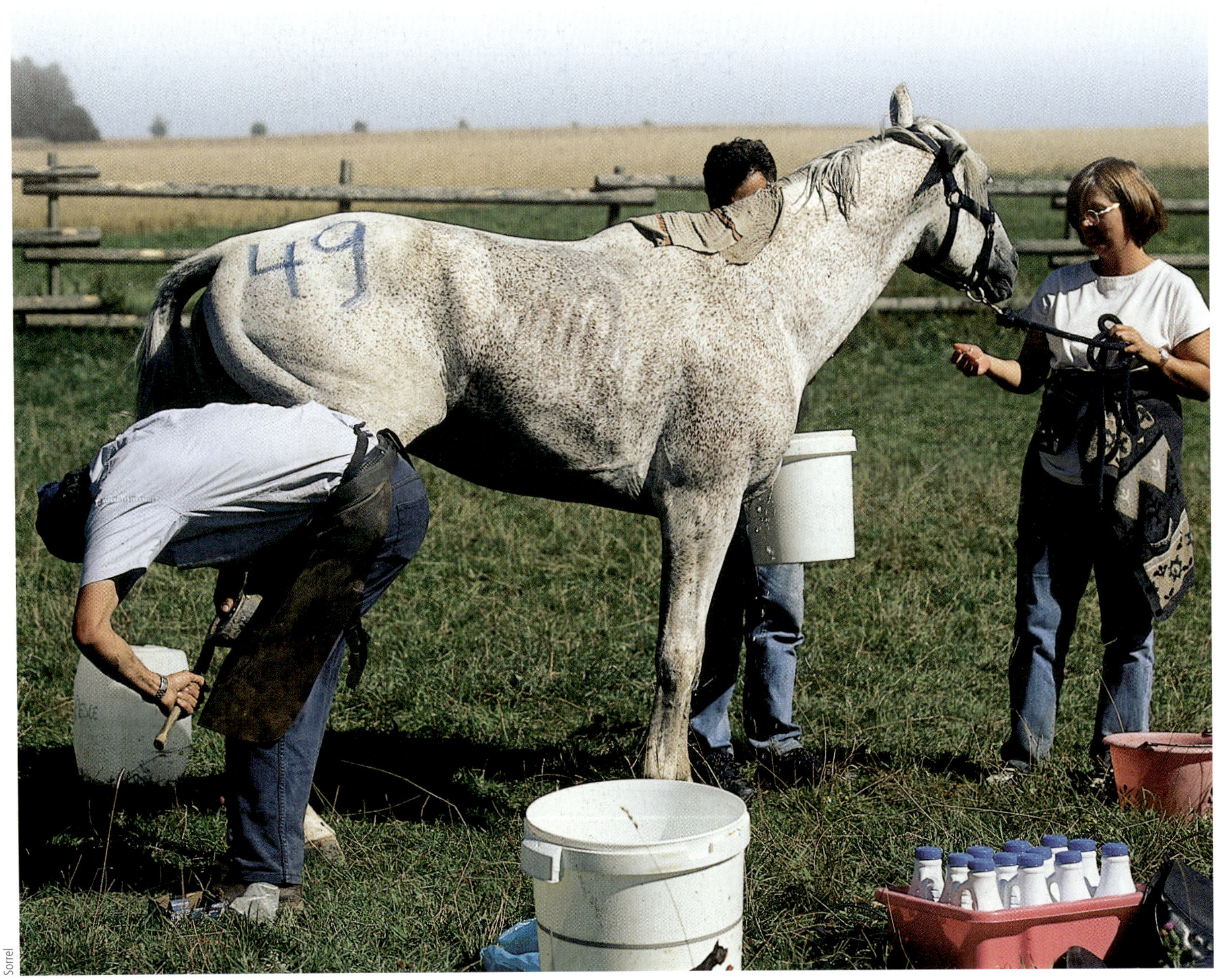

Sorrel

LE CHEF D'ÉQUIPE IDÉAL

– Il connaît le cheval et son cavalier, leurs habitudes, leurs besoins et leurs préférences ;

– il sait repérer au premier coup d'œil toute anomalie chez le cheval ou le poney ;

– il sait présenter la monture aux contrôles vétérinaires ;

– il connaît sur le bout des doigts le harnachement et la liste du matériel indispensable durant une épreuve ;

– il sait, selon les circonstances, encourager ou tempérer ;

– il sait parfaitement lire une carte routière ;

– il est capable de conduire calmement, quelles que soient les circonstances.

AVANT LE DÉPART

Les suiveurs contrôlent que tout le matériel porté sur la liste est bien dans le véhicule, rangé de manière qu'il soit immédiatement à portée de main. Ils remplissent les bouteilles destinées à rafraîchir le cheval et les bidons indispensables pour l'abreuvement. A l'aide de la carte du parcours, le chef d'équipe programme avec le cavalier les points de rencontre et repère sur la carte routière l'itinéraire permettant de gagner ces lieux.

SUR LA PISTE

Effectuer le suivi d'un cheval ou d'un poney, c'est participer à la course de façon passionnante, même si les tâches à accomplir paraissent ingrates.

RAFRAÎCHIR

Le cavalier d'endurance transporte une éponge, avec laquelle il peut rafraîchir l'encolure ainsi que les épaules de sa monture. Il n'a toutefois pas toujours l'occasion de la mouiller, et ce geste lui fait perdre du temps. Voilà pourquoi, aux points de rencontre, un suiveur lui tend une bouteille d'eau, qu'il vide le long de la crinière du cheval, sans même s'arrêter. Le cavalier attrape la bouteille que lui tend à bout de bras le suiveur immobile. Sitôt la douche terminée, le cavalier laisse tomber la bouteille, que le suiveur viendra récupérer.

Bob Langrish

Dernier échange avant le départ entre le cavalier et son chef d'équipe.

Miriski/Cogis

BON A SAVOIR

Un cheval ou un poney ne boit que dans le calme. Il convient de s'en souvenir lors des arrêts, qui doivent apparaître à l'animal comme des moments de paix, loin de toute agitation. Il faut éviter de trop s'empresser autour de lui. Cela le stresserait.

Fournir de l'eau pour le cheval et le cavalier est l'une des premières préoccupations des suiveurs durant la course.

ABREUVER

Surtout par fortes chaleurs, un des risques de l'endurance est la déshydratation du cheval. Il est très important de proposer à boire à l'animal dès la première rencontre avec les suiveurs, sans attendre que sa soif soit manifeste.

Le seau d'eau peut être placé à une centaine de mètres du point où l'on tend la bouteille au cavalier. Si le cheval boit, c'est le moment des échanges entre le suiveur et le cavalier. Ce dernier précise les besoins particuliers de sa monture pour la prochaine rencontre et reçoit des indications quant à sa vitesse moyenne.

LES HALTES OBLIGATOIRES

Durant les haltes, le cheval est examiné par un vétérinaire. Là, les suiveurs prennent en charge la monture et le cavalier, auxquels ils donnent tous les soins nécessaires pour limiter leur fatigue. C'est généralement le chef d'équipe qui présente le cheval ou le poney à la visite du vétérinaire. Lorsque le concurrent est à nouveau en selle, l'équipe doit encore, en vue des rencontres suivantes, compléter les provisions d'eau.

BON POUR LE MORAL
L'arrivée

Une fois la ligne d'arrivée franchie, les suiveurs doivent préparer la visite vétérinaire finale, puis veiller à ce que le cheval se repose dans les meilleures conditions. Si sa performance est satisfaisante, ils savent que c'est en partie grâce à eux.

Miriski/Cogis

L'équipement du cavalier d'endurance

En endurance, le mot d'ordre est « sécurité et confort ». Choisissez votre équipement avec discernement afin de ne pas souffrir pendant la course.

Bob Langrish

LIBRE À VOUS

En endurance, vous ne serez pas jugé sur votre tenue : habillez-vous comme vous voulez, mais respectez le règlement.

OBLIGATOIRE : LE CASQUE

Dans toutes les courses, quel que soit le niveau, vous devez porter un casque attache trois points. C'est indispensable pour votre sécurité. Toutefois, les courses d'endurance se déroulant fréquemment sous le soleil, vous êtes libre d'adopter un casque trois points type cycliste, léger et muni de fentes d'aération. Ce point n'est pas négligeable : chez l'homme, une part très importante de la chaleur est évacuée par la tête. Or, lorsque la chaleur n'est pas bien évacuée, la fatigue survient rapidement.

POUR LE HAUT

Portez un tee-shirt et un polo en coton, qui sont légers et confortables. S'il fait froid, un blouson en fourrure polaire, donc léger, vous tiendra suffisamment chaud. S'il fait vraiment très froid, choisissez un gilet matelassé muni d'une fermeture à glissière que vous ouvrirez si vous avez trop chaud. Le gilet convient mieux qu'un blouson avec manches, qui gênerait vos gestes.

ATTENTION, DANGER !

En endurance, l'exposition au soleil est parfois très longue. Vous devez impérativement vous protéger : crème « écran total » sur toutes les parties exposées, col du polo relevé pour protéger la nuque, visière. Le port de lunettes de soleil évitera éblouissements, maux de tête et ophtalmies.

Quand vous achetez des chaussures pour l'endurance, n'oubliez pas que vous devez pouvoir courir sans qu'elles vous gênent.

Sorrel

Bob Langrish

Casque aéré, polo en coton, porte-carte, culotte « cycliste », chaussettes montantes, chaussures de marche : voici une cavalière prête à prendre le départ.

Vous devez prévoir un vêtement contre la pluie. Il vaut la peine d'acquérir une veste de qualité, coupée pour l'équitation et taillée dans un textile moderne à la fois parfaitement imperméable, léger et respirant, type Gore-tex®. Ne vous en encombrez pas tant que le ciel est dégagé : confiez-la, de même que les épaisseurs supplémentaires, à votre équipe suiveuse.

POUR LE BAS

Portez un pantalon souple, léger, extensible et collant. Ce peut être une culotte de cheval ou un jodhpur, mais de nombreux cavaliers d'endurance préfèrent utiliser les collants destinés aux cyclistes, renforcés au niveau des fesses. Malheureusement, ils sont dépourvus de renfort au niveau des genoux, où la friction est souvent importante. Testez longuement les différents pantalons lors des entraînements ou d'une randonnée.

Le choix du sous-vêtement est également capital : optez pour des modèles destinés aux sportifs, en coton ou dans un textile conçu pour le sport, qui vous épargneront des échauffements douloureux et une transpiration excessive. Évitez les élastiques épais et serrés.

DU CÔTÉ DES PIEDS

Pour faire de l'endurance, il est préférable de laisser ses bottes au placard.

LES BOTTES : PEU PRATIQUES

Les traditionnelles bottes d'équitation ne sont pas indiquées en endurance. Les pieds y transpirent en été, y gèlent en hiver. Elles sont lourdes et ne permettent guère de courir avec aisance à côté du cheval.

Choisissez plutôt une paire de chaussures de marche légères, de bonne qualité, d'une matière qui évacue bien la transpiration tout en vous garantissant l'étanchéité en cas de pluie.

BON A SAVOIR

Il ne faut jamais porter pour la première fois un vêtement le jour d'une course. Testez toujours toutes les parties de votre équipement à l'entraînement. Lavez les vêtements au moins une fois pour les débarrasser de leur apprêt (souvent irritant) et dosez faiblement lessive et assouplissant, qui contiennent des substances irritantes pour la peau, notamment en cas de transpiration ou d'exposition au soleil.

Sorrel

LA CHAUSSURE D'ENDURANCE

Soyez particulièrement vigilant sur les trois points suivants :

• Le talon : à moins que vos étriers soient munis de coques à l'avant, vos chaussures doivent avoir des talons pour limiter l'avancée du pied.

• La semelle : elle doit être semi-rigide afin de soutenir la voûte plantaire et de répartir sur l'ensemble du pied la pression du plancher de l'étrier.

Évitez les semelles trop crantées, qui risquent de rester accrochées à l'étrier en cas de chute.

• La hauteur de la tige : il faut préférer les chaussures qui maintiennent bien la cheville. Elles vous rendront service en terrain caillouteux et protégeront vos chevilles d'éventuelles frictions contre les étriers. Toutefois, les tiges trop hautes gênent la flexion de la cheville quand on est à cheval et tiennent très chaud si l'on doit courir !

PROTÉGEZ LES MOLLETS

Dans les allures vives, les mollets frottent contre les étrivières, lesquelles peuvent même pincer. Le port de minichaps ou de chaussettes épaisses et montantes est donc recommandé. Celui des bottes aussi, bien entendu !

GROS PLAN

N'oubliez pas que le dossard – qui porte votre numéro – doit toujours rester visible, même en cas de pluie !

Bob Langrish

BON A SAVOIR

Vous pouvez orner votre casque d'une toque aux couleurs de votre choix – certains cavaliers l'harmonisent avec le reste de leur tenue et même, parfois, avec le tapis, le frontal, etc. D'autres portent simplement les couleurs de leur équipe, de leur ligue, de leur sponsor, etc.

Bob Langrish

L'alimentation du cheval d'endurance

Le cheval d'endurance est un cheval d'extérieur, résistant et frugal. L'excès lui est nuisible, mais une alimentation trop pauvre ne lui permet pas de soutenir l'effort qu'on lui demande. Pour un juste équilibre, il faut adapter constamment sa ration.

Sorrel

UN CHEVAL EN FORME

Le cheval d'endurance doit recevoir une nourriture énergétique qui lui permette d'être au mieux de sa forme mais qui, surtout, ne le surcharge pas.

UNE QUESTION DÉLICATE

Il ne s'agit pas ici de se lancer dans la question complexe de l'alimentation du cheval de sport. Les scientifiques se sont penchés sur la question et ont défini précisément les apports nécessaires en fonction de l'effort à produire et ont indiqué ce qu'il faut savoir, théoriquement, pour éviter les carences et les déséquilibres. Mais leurs indications présentent l'inconvénient d'être presque inutilisables dans la pratique. Il est très difficile, en effet, d'estimer exactement l'effort produit et la qualité des aliments – un foin n'étant pas le même d'un producteur à l'autre, etc. Il est donc utile à tout propriétaire d'un cheval de sport de prendre connaissance de ces données, de s'efforcer de les assimiler, puis de les mettre de côté pour se fier à sa connaissance du cheval et ajuster expérimentalement les rations.

GÉNÉRALITÉS

L'alimentation idéale du cheval d'endurance est l'herbage, été comme hiver, complété par du foin et des grains selon la qualité de la prairie, la saison, les efforts qu'il doit fournir. Au printemps, quand les pâtures sont très grasses – dans les régions verdoyantes –, il faut parfois réduire le temps de pâturage et veiller à diminuer les compléments. En hiver, le foin apportera parfois l'essentiel de la ration. Les aliments plus concentrés – grains, granulés – permettent d'ajuster l'apport énergétique lorsque l'entraînement s'intensifie ou lorsqu'on est en période de compétition.

LE COIN DU PRO
A quel moment donner à manger ?

Durant une épreuve d'endurance, on profite des haltes pour proposer à manger au cheval. Il faut attendre pour cela que le vétérinaire ait procédé à son examen – car manger provoque une légère accélération de la fréquence cardiaque. Donnez donc à boire avant le contrôle vétérinaire, à manger après.

Il faut faire boire le cheval aussi souvent que possible durant la course.

Bob Langrish

BON A SAVOIR

Si le cheval vit au box, ce qui n'est pas favorable au développement de ses capacités de résistance et d'endurance, il faut maintenir dans sa ration une proportion importante de fourrage.

Le fourrage occupe longtemps le cheval, qui éprouve un besoin impérieux de mastiquer des heures durant. C'est indispensable à son équilibre mental. Le lest apporté par les fibres longues assure un meilleur transit intestinal et protège le système digestif de désordres éventuels. C'est, de surcroît, une source d'énergie lente favorable au soutien d'un effort prolongé.

Sorrel

Il faut toujours nourrir le cheval en fonction de l'effort qu'il va produire et non en fonction de l'effort qu'il a produit. On conçoit donc la ration quotidienne en fonction du travail du lendemain.

BOIRE ET ÉLIMINER

Le cheval doit avoir en permanence à sa disposition une eau claire et propre, à température ambiante. Cela est facile au pré et au box.

Durant le travail, il est également important de compenser l'élimination due à la respiration et à la transpiration. Si le temps est chaud, et s'il produit un effort important, le cheval peut perdre jusqu'à dix litres de sueur par heure. Il faut lui assurer une bonne réhydratation en lui proposant régulièrement à boire.

LE JOUR DE L'ÉPREUVE

Effort et digestion mobilisent tous deux la masse sanguine et l'énergie : ne les mettez pas en concurrence !

PAS DE GRAINS

La digestion des grains et des aliments complets accapare en partie la circulation sanguine et consomme beaucoup d'énergie. Elle réduit donc les performances possibles du cheval dans les deux heures qui suivent.

Bob Langrish

Attendez que le vétérinaire ait effectué son contrôle pour proposer un repas léger au cheval.

En cas d'effort intense, ce sont les muscles qui accaparent la circulation ; la digestion se trouve ralentie, voire stoppée : gare aux coliques ! La règle de base de l'alimentation du cheval d'endurance est donc : pas de grains deux heures avant l'épreuve, pendant l'épreuve et dans les deux heures qui suivent celle-ci.

COMMENT APPORTER L'ÉNERGIE NÉCESSAIRE ?

Un cheval en forme et en bon état possède en principe des réserves suffisantes pour soutenir une course de 40 à 60 km. Au-delà, il est indispensable de lui fournir du « carburant » en cours de route.

On le fait en lui proposant avant le départ, puis pendant les haltes, de petites quantités d'aliments rafraîchissants, appétents, qui sont facilement et rapidement digérés : herbes, aliments floconnés, grains cuits, carottes et pommes coupées en morceaux.

Bob Langrish

Les électrolytes, en vente dans le commerce, sont ajoutés à l'eau ou à la ration. Il faut habituer le cheval à leur goût lors de l'entraînement afin qu'il les prenne volontiers au moment où ils lui sont le plus nécessaires, c'est-à-dire durant l'épreuve.

LE BON GESTE

Il faut habituer votre cheval à se nourrir pendant les pauses à l'entraînement afin qu'il accepte de s'alimenter pendant les haltes durant la course.

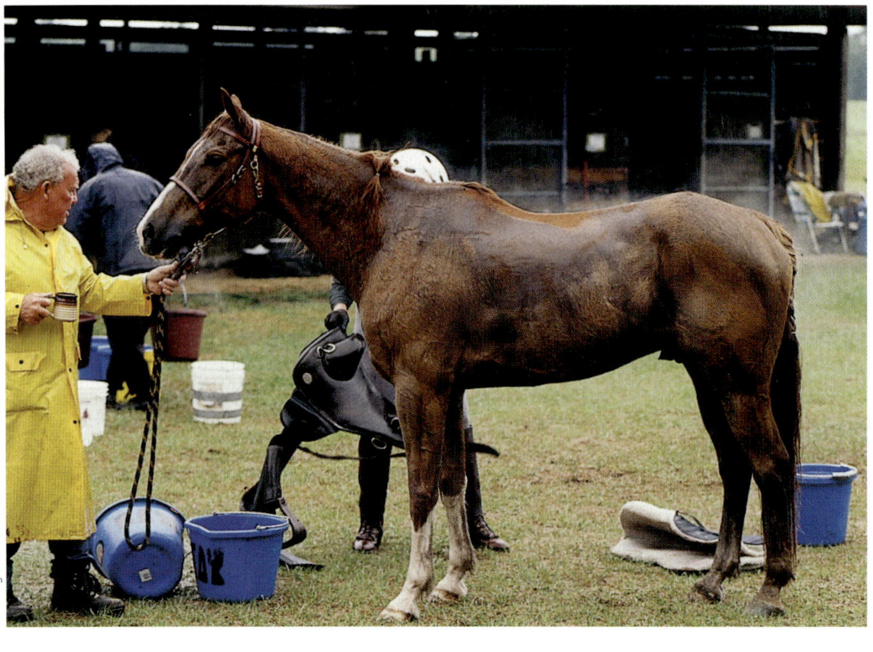

Bob Langrish

BON A SAVOIR

La transpiration est faite d'eau, bien sûr, mais elle contient également des ions – sodium, potassium, magnésium, etc.

Dans le cadre des épreuves d'endurance, on compense la perte d'ions en donnant au cheval des électrolytes qui sont des solutions contenant des ions. On les ajoute à la ration ou à la boisson la veille de l'épreuve, le jour de l'épreuve et le lendemain de celle-ci.

Abreuver et rafraîchir en endurance

Procurer de l'eau aux concurrents pendant la course est l'un des premiers devoirs de l'équipe suiveuse. L'eau servira à abreuver et à rafraîchir le cheval et, parfois, le cavalier aussi souvent que possible.

Bob Langrish

A BOIRE !

Durant une course, un cheval peut absorber jusqu'à cent litres d'eau en une seule journée.

BOIRE : UN ENTRAÎNEMENT

Pour compenser la déshydratation qu'il subit durant une course, le cheval doit boire fréquemment, c'est-à-dire chaque fois que l'occasion lui en est offerte, et par petites quantités. Il doit donc avoir appris à boire en toutes circonstances et dans tous les abreuvoirs naturels ou artificiels qu'il rencontrera. Il convient, par conséquent, de l'éduquer pendant l'entraînement en lui offrant maintes occasions de boire et en lui laissant, chaque fois, le temps de se familiariser avec les divers types d'abreuvoirs.

POURQUOI BOIRE ?

L'apport en eau est évidemment indispensable lors de tout effort. Durant une course, il répond à trois objectifs :

- compenser les pertes en eau dues à l'évaporation et à la sudation ; un apport régulier et suffisant en eau est le seul moyen de lutter contre la déshydratation ;
- faire baisser la température interne ne serait-ce que légèrement (car l'eau ne doit pas être trop froide) ; tout ce qui contribue à l'abaissement de la température interne permet de lutter contre la fatigue et le redoutable coup de chaleur ;
- permettre l'apport de substrats énergétiques et d'électrolytes – apport qui compense la consommation d'énergie et l'évacuation, due à la transpiration, de sels minéraux.

UN PEU, SOUVENT

Le cheval ne doit pas boire une grande quantité d'eau en une seule fois : cela risquerait de refroidir brutalement son système digestif et de provoquer des « coliques d'eau ». De surcroît, une ingestion trop abondante d'eau peut, en comprimant les poumons, gêner la respiration.

LE COIN DU PRO
Faut-il ajouter des électrolytes ?

Les électrolytes sont des solutions contenant des ions – sodium, magnésium, potassium, etc. On pense, bien que ce ne soit pas encore pleinement démontré, que ces solutions permettent de rétablir l'équilibre ionique compromis par une sudation importante. Il peut être bon, par conséquent, d'ajouter des électrolytes à l'eau à condition que cela ne déplaise pas au cheval et ne l'empêche pas de boire.

Sorrel

Il faut éviter de s'agiter autour du cheval et de le rafraîchir anarchiquement sur tout le corps : cela le stresse et nuit à une bonne récupération.

Sorrel

Boire dans le calme

Un cheval d'endurance expérimenté sait profiter de chaque possibilité qui lui est offerte de s'abreuver. Les chevaux moins entraînés peuvent, eux, éprouver des difficultés à boire s'ils ne trouvent pas un peu de calme. Il est donc important de bien choisir le point de rencontre. L'équipe suiveuse et le cavalier doivent rester tranquilles, attendre sans manifester d'impatience que le cheval se décide à boire et éviter toute agitation susceptible de l'inquiéter pendant qu'il s'abreuve.

Comme, d'autre part, le cheval d'endurance devrait pouvoir boire dès que la soif se manifeste, il est souhaitable de lui proposer de l'eau aussi souvent que possible mais sans lui en laisser absorber de trop grandes quantités. C'est là le rôle principal des suiveurs.

Lors des haltes, si le cheval a correctement récupéré, il faut poser un seau d'eau claire à sa portée et le laisser boire à volonté.

LE BON GESTE

Pour rafraîchir le cheval autant que possible, on peut fixer à la selle, au bout d'une courroie ou d'une ficelle, une éponge qu'on imprègne d'eau chaque fois que cela est possible et qu'on presse ensuite sur le cheval. On peut la recharger à chaque point d'eau – rivière, mare, fontaine. Certains cavaliers fixent l'éponge sur la têtière du filet, afin que l'humidité qu'elle contient rafraîchisse continuellement le cheval.

RAFRAÎCHIR

Un effort intense entraîne la production d'une grande quantité de chaleur que le cheval ne parvient pas toujours à évacuer complètement. Il faut alors, impérativement, intervenir.

Bob Langrish

Pendant les haltes, eau à volonté.

BON A SAVOIR

Durant une course, le cheval peut perdre jusqu'à dix litres d'eau par heure.

ARROSER SOUVENT

Durant toute la course, le cavalier d'endurance doit surveiller la température en posant sa main à plat sur l'encolure. Si elle est trop élevée, il doit ralentir l'allure, faire une halte, rafraîchir le cheval en l'arrosant, lui permettre de boire et, parfois, tout cela à la fois.

Lors de la halte, si le cheval a très chaud, rafraîchissez-le avant de le laisser boire à volonté.

Bob Langrish

L'équipe suiveuse doit fournir au cavalier, à tous les points de rencontre, des bouteilles qui lui permettront d'arroser la nuque, l'encolure et les épaules de son cheval.

LA BONNE MÉTHODE

Lors des haltes, lorsqu'un jet est disponible, on rafraîchit le cheval en faisant couler l'eau, sans pression, sur la nuque, l'encolure, les épaules, les membres, sans remonter plus haut que les cuisses pour les postérieurs. Pour favoriser une régulation thermique rapide, on peut poser une serviette éponge humide sur l'encolure.

En revanche, il ne faut jamais, durant la course, arroser le cheval sur les reins, les flancs, le ventre et la croupe.

LE BON GESTE
Passage de bouteille

Un bon suiveur doit éviter de courir à côté du cheval pour passer au cavalier la bouteille destinée à rafraîchir sa monture : il suffit qu'il se tienne au bord de la piste, la bouteille tendue à bout de bras pour que le cavalier la saisisse facilement.

Lorsqu'elle est vide, le cavalier la laisse tomber sur le côté de la piste (pour ne pas gêner les autres concurrents) et les suiveurs la ramassent.

Mise en souffle du cheval d'endurance

L'entraînement du cheval d'endurance est principalement axé sur sa mise en souffle, qui est l'aboutissement d'un travail régulier et progressif, principalement en extérieur, destiné à améliorer d'abord le fond.

Bob Langrish

UN PLAN D'ENTRAÎNEMENT

La mise en souffle du cheval d'endurance doit faire l'objet d'un plan d'entraînement précis.

CONCEVOIR UN PLAN D'ENTRAÎNEMENT

Le plan d'entraînement doit permettre d'amener le cheval, en début de saison, à un niveau de forme correspondant aux premières épreuves qu'il devra affronter.

Un bon plan d'entraînement prend en compte :

– l'âge du cheval ;

– son état physique et mental au début de l'entraînement ;

– son niveau de dressage et son expérience en extérieur et en endurance en particulier ;

– ses conditions de vie (au box ou au pré, travail régulier ou non, type d'alimentation, etc.).

BON A SAVOIR

Les premiers raids de la saison font partie de l'entraînement. En milieu de saison, le cheval doit être au mieux de sa forme et de son souffle.

Un cheval qui vit dehors et qui sort régulièrement en extérieur est naturellement plus en souffle qu'un cheval de manège.

Bob Langrish

AVANT DE COMMENCER

Un entraînement n'est pas une sorte de préparation forcée qui éprouve sans cesse l'animal. C'est, au contraire, un mode de travail équilibré qui alterne effort et repos et respecte une progression qui tient compte des résultats réels du cheval et s'y adapte.

Quelques précisions sont nécessaires :
– le repos fait partie de l'entraînement ;
– les phases de récupération contribuent à l'ac-croissement du souffle ;
– un excès d'entraînement peut être aussi néfaste qu'un manque d'entraînement ;
– un cheval qui vit au pré, dans de grands espaces, s'entretient lui-même ; sa mise en souffle sera plus rapide.

CONSTRUIRE LA MISE EN SOUFFLE

La mise en souffle consistera à développer les capacités respiratoires et cardiaques du cheval. Il faut toujours en premier lieu augmenter le volume cardiaque et la capacité pulmonaire par un travail lent et long, puis renforcer le muscle cardiaque et la puissance générale du cheval par un travail de vitesse. On considère qu'un jeune cheval doit être soumis à un travail de fond – lent et long – pendant un ou deux ans avant d'aborder un travail de vitesse. De même, après le repos qui suit la fin de la saison, l'entraînement d'un cheval, même adulte et expérimenté, doit toujours commencer par plusieurs semaines de travail lent et long.

JAMAIS SEUL

Le travail de fond doit toujours être mené de front avec une gymnastique de base sur le plat. Cela est nécessaire pour assouplir et renforcer l'ensemble de la musculature et des articulations. C'est indispensable aussi pour le moral du cheval et pour son dressage. Un entraînement qui ne comprendrait que fond et mise en souffle nuirait, à long terme, aux performances du cheval.

LE COIN DU PRO

Lors des trottings comme lors des canters (temps de galop), vous devez prendre l'habitude de noter la fréquence cardiaque au repos, en fin d'échauffement, après l'effort et plusieurs fois pendant la récupération (la réduction du temps de récupération est l'un des signes de l'accroissement du souffle du cheval).

Conservez les relevés de chaque séance, sur lesquels vous aurez pris soin de noter la date et les conditions météo. Ils vous permettront de juger de la progression du travail de fond et de la mise en souffle.

Bob Langrish

GROS PLAN

Trotting et mise en souffle doivent suivre un plan d'entraînement qui tienne compte de l'âge du cheval. Chez un jeune cheval, le fond doit passer d'abord.

FOND ET VITESSE

Une bonne mise en souffle comprend un travail de fond et un travail de vitesse.

TROTTINGS

La base de l'entraînement du cheval d'endurance, c'est le trotting. Le trotting est une période plus ou moins longue de trot continu en extérieur – en général, on pratique le trot pendant une heure en fin d'entraînement.

Après un échauffement au pas, mettez votre cheval au trot ; laissez-lui adopter un trot actif, naturel, sur des rênes flottantes. Commencez par alterner quatre périodes de dix minutes de trot, avec quatre périodes de cinq minutes de pas, puis passez à trois périodes de quinze minutes de trot et trois de cinq minutes de pas, etc., jusqu'à ce que le cheval soit capable de tenir une heure de trot.

Bob Langrish

Bob Langrish

BON A SAVOIR

La mise en souffle peut également se faire au trot actif dans les montées. Ces efforts doivent être suivis d'un temps de récupération active au trot.

MISE EN SOUFFLE AU GALOP

Le travail au galop renforce considérablement le muscle cardiaque, donc la résistance du cheval à l'effort. On ne l'aborde qu'une fois que le travail de fond – une heure de trotting – est terminé ! Ce travail se fait dans un petit galop régulier et cadencé, et toujours sur un excellent terrain – c'est-à-dire régulier, ni trop dur ni trop profond – afin d'épargner les membres du cheval. Commencez par de brefs temps de galop – repassez au trot dès que le cheval ne maintient plus de lui-même une allure régulière. Ces galops doivent être suivis par une récupération active au petit trot pendant une dizaine de minutes.

Augmentez le nombre des temps de galop, puis leur durée.

Endurance : le bon mariage cheval-cavalier

Dans toute compétition, mais plus encore en endurance, la qualité des prestations est liée à l'harmonie du couple cheval-cavalier, mariage qui doit faire ses preuves à l'entraînement.

Bob Langrish

UN VRAI MARIAGE

En endurance, la notion de couple prend toute sa valeur : il faut connaître sa monture de façon quasi intime avant de se lancer dans l'aventure.

UN CAVALIER ATTENTIF

L'endurance est une discipline où l'on parie, plus que dans toute autre, sur le long terme. Une course est le résultat d'une préparation longue et minutieuse où les deux partenaires ont eu l'occasion de se jauger et d'apprendre chacun à ne pas dépasser les limites de l'autre.

Le cavalier doit, bien sûr, avec l'aide du vétérinaire, s'appliquer à découvrir avec la plus grande précision la physiologie de son compagnon. Pour cela, il doit d'abord absorber les notions générales de physiologie de l'effort avant de les appliquer au cas particulier de sa monture.

ÉCOUTER LA FATIGUE

Il est nécessaire, surtout, d'apprendre à détecter les signes de fatigue du cheval et à les interpréter avec la plus grande finesse. En effet, pour gérer le « capital » d'endurance du cheval, il ne faut jamais dépasser le point au-delà duquel la récupération physique et mentale n'est plus possible.

Le tempérament est important : le sien comme le vôtre et, surtout, le bon mariage des deux.

Bob Langrish

Le cavalier doit pouvoir constamment adapter l'allure et la vitesse en fonction des signaux que lui envoie sa monture. S'il connaît parfaitement le sens de ces signaux, il saura s'il faut simplement mettre pied à terre pour quelques centaines de mètres, repasser au pas, même si le temps presse, pour ne pas compromettre la course, ou encore renoncer à un classement pour ne pas mettre la santé ou le moral du cheval en danger.

UNE VIE DE COUPLE

Cette perception très fine ne s'obtient que par une fréquentation quotidienne : le cavalier d'endurance doit non seulement entraîner son cheval, mais aussi assurer tous les soins quotidiens. Une observation attentive (plusieurs visites par jour) permet de découvrir mille détails qui serviront pendant les courses : quand et comment le cheval se repose, quelles sont ses heures de grande énergie, quel est son appétit, la fréquence avec laquelle il se rend à l'abreuvoir, l'influence de la température sur son appétit et sa soif, etc.

Cette fréquentation assidue permet aussi d'affiner la relation cheval-cavalier : quand la confiance est établie, on peut élaborer un code de communication sophistiqué qui rendra possible une grande économie des aides. Quand on se comprend au quart de tour, l'énergie des deux partenaires s'en trouve épargnée.

LA BONNE ASSOCIATION

Pour durer longtemps, le mariage cheval-cavalier doit associer deux partenaires susceptibles de s'entendre et de se compléter.

CHACUN SON TEMPÉRAMENT

Inutile de forcer sa nature. Un cavalier très calme peut s'associer avec profit à un cheval très ardent. En revanche, un cavalier anxieux, qui a tendance à bousculer sa monture dans l'impatience de la réussite, doit trouver un cheval qui tempère son ardeur et sait modérer ses propres efforts, faute de quoi le couple risque fort de brûler la chandelle par les deux bouts et de ne pas terminer la saison, ni même la course.

Le bon mariage, c'est la garantie d'une association longue et fructueuse.

Bob Langrish

Rocher/Cogis

BON A SAVOIR
Boire et manger

Le cavalier doit connaître parfaitement les goûts et les habitudes de son compagnon : inutile de lui présenter des quartiers de pomme s'il ne supporte que les carottes, ou de lui offrir à boire de l'eau aux électrolytes s'il en déteste l'odeur. Une bonne hydratation étant un facteur clé pour réussir une course, le cavalier doit s'appliquer à respecter avec minutie les manies de son compagnon, ou à faire patiemment évoluer celui-ci à l'entraînement.

Un cavalier qui manque de souplesse et rechigne à mettre pied à terre à tout bout de champ doit choisir une monture qui a les reins solides, au sens propre comme au sens figuré (bon moral).

Un cavalier agile et léger, qui participe à l'effort d'endurance avec plaisir et n'est jamais au bout de son énergie, peut tirer parti d'un compagnon plus flegmatique et moins courageux.

D'une manière générale, il faut choisir un cheval avec lequel on s'entend bien et qui semble réceptif aux demandes qu'on lui fait.

LA BONNE MESURE

Il y a aussi, bien sûr, une question de poids et de taille. Un très grand cheval ne convient guère à un petit cavalier, qui peine chaque fois qu'il doit se mettre en selle. Un cavalier tout en jambes sur un pur-sang arabe étroit et léger, ça n'est confortable ni pour l'un ni pour l'autre. Enfin et surtout, seul un bon porteur convient à un cavalier lourd – il faut y penser avant d'acquérir le cheval.

GROS PLAN

Bob Langrish

Au jeune cavalier d'endurance, il faut donner un « vieux routier », qui connaît les ficelles du métier et refuse de s'en laisser compter. Ce gué, il le franchira au pas, quoi qu'on lui demande. Le jeune cheval plein de feu doit au contraire avoir un cavalier expérimenté et raisonnable, qui saura doser les efforts et bien adapter l'allure au terrain.

Le moral du cheval d'endurance

D'une certaine façon, le cheval d'endurance a de la chance : en entraînement comme en compétition, on lui demande de faire ce pour quoi il est fait – courir dehors. Mais l'intensité des efforts qu'on exige de lui risque néanmoins d'avoir raison de son moral.

Bob Langrish

UN MORAL D'ACIER

Le cheval d'endurance doit avoir un moral d'acier. Malgré la fatigue, la chaleur, la soif, les efforts déjà consentis, il doit continuer à se porter en avant sans se faire prier : question de tempérament autant que d'entraînement.

SANG CHAUD, SANG FROID

Les bons chevaux d'endurance sont généralement des chevaux assez près du sang – du sang arabe, le plus souvent. Ils doivent en effet posséder cette ardeur irremplaçable, impossible à créer par le travail, qu'est l'impulsion naturelle.

Un tempérament vif et volontaire est indispensable dans cette discipline. Mais il ne doit pas s'accompagner d'une nervosité excessive, qui entraînerait une perte d'énergie inutile. Un cheval qui s'excite au départ d'une course gâche bêtement ses forces !

Il faut donc orienter vers l'endurance des chevaux qui possèdent naturellement ce tempérament merveilleux qui est celui d'un cheval de sang... plein de sang-froid !

GROS PLAN

Vivre au box et ne sortir que pour de longues marches forcées n'a rien d'enthousiasmant : il est généralement préférable de faire vivre le cheval d'endurance au pré, ce qui lui est profitable, en général, à la fois pour le physique – il est plus vite en condition – et pour le mental.

Bob Langrish

Seule une grande connaissance de votre monture et de ses réactions – acquise pendant l'entraînement – vous permettra de bien le jauger pendant les raids et de ne jamais lui en demander trop.

LE BON PHYSIQUE POUR LE BON MENTAL

Ensuite, pour ne pas risquer d'éprouver dangereusement le moral de votre monture, il faut naturellement vous assurer qu'elle possède physiquement des moyens appropriés à cette discipline : un modèle plutôt sec et léger – les rondeurs, les os lourds sont des handicaps –, des allures économiques, rasantes, plutôt qu'élastiques et bondissantes, des pieds et des membres solides qui résisteront de longues heures sur des sols de tous types.

Engager dans une course un cheval qui ne possède pas ces atouts, c'est l'exposer à des souffrances inutiles, voire au surmenage, c'est-à-dire à une démoralisation parfois durable.

L'ORGANISATION DE LA SAISON

Le surmenage est la plus sérieuse menace pour le cheval d'endurance. Même s'il supporte bien les efforts, il peut perdre tout ressort si on lui en demande trop : pensez et agissez en fonction de la saison !

PENDANT LA SAISON

Endurant, le cheval qui résiste aux raids l'est forcément. Mais, pour autant, il ne peut pas tout endurer. Généralement, c'est son moral qui cède d'abord : n'abusez pas de ses forces. Il est essentiel d'aménager la saison de telle sorte qu'il puisse avoir de véritables temps de répit.

Si le cheval ne fait que de petites courses (jusqu'au Régional 1), il peut courir un à deux raids par mois sans souffrir. En revanche, dès l'instant où il participe à des épreuves plus éprouvantes, dès le Prénational 2, il doit pouvoir souffler pendant trois à quatre semaines entre deux raids.

UN HIVER REPOSANT

À la fin de la saison, il faut réduire progressivement l'activité en se gardant bien de laisser le cheval au pré sans travail du jour au lendemain – il a pris l'habitude d'être entouré et chouchouté !

BON A SAVOIR
Lui bâtir un moral

Pour préparer un cheval à l'endurance, rien ne vaut la randonnée. Il s'habitue à partir pour de longues marches, acquiert une bonne connaissance des différents sols et une sérieuse sûreté de pied, il s'accoutume à affronter toutes sortes de situations. Il apprend aussi à boire toutes les eaux claires qui se présentent, à rester à l'attache et à évoluer par tous les temps.

La randonnée calme le cheval tout en accroissant sa volonté et sa résistance ; elle lui donne le goût de l'effort sans l'éprouver durement.

Sorrel

Quelques semaines de balades, de petites randonnées alternant avec de brèves périodes de repos, précéderont les quelques semaines indispensables de repos complet au pré, avec des compagnons. C'est là que le cheval se refait un moral d'acier.

La remise au travail sera tout aussi progressive.

L'ENTRAÎNEMENT ET LES COURSES

Évitez d'entamer ce précieux capital qu'est le moral.

UN PEU DE DOUCEUR

L'entraînement contribue à forger le moral du cheval d'endurance : dehors, le plus souvent sur des rênes posées, il travaille d'une façon qui lui convient à condition que le cavalier sache éviter les écueils suivants :

– ne pas accumuler les efforts, mais alterner la préparation intensive et les balades ou randonnées faciles, agréables pour le cheval ;

– ne pas le travailler toujours seul, partir régulièrement avec un ou plusieurs compagnons ;

– ne pas aller trop vite et se souvenir que le repos fait partie de l'entraînement.

EN COURSE

L'envie de gagner, le sentiment grisant de se dépasser peuvent parfois pousser un cavalier d'endurance à en demander trop à son cheval : rien de plus dangereux, pour l'avenir de ce dernier, qu'une course trop difficile qui l'écœure et le démobilise.

Durant la course, le cavalier doit constamment rester à l'écoute de sa monture, guettant les signes de fatigue et gérant le parcours en conséquence. Un abandon vaut mieux qu'une saison entière remise en question ou qu'un cheval définitivement brisé.

Bob Langrish

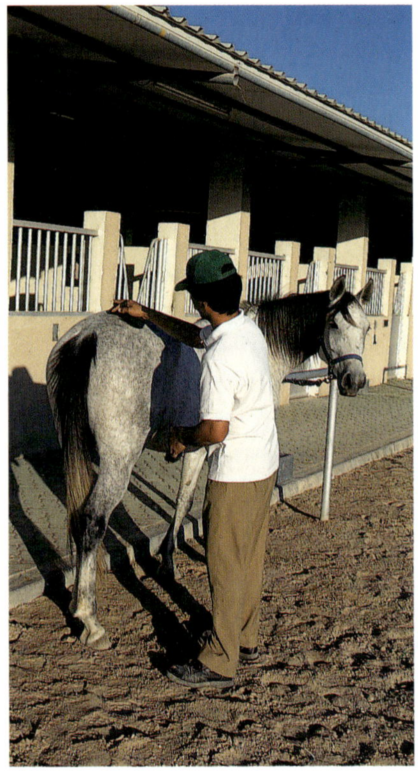

Bob Langrish

Les chevaux ayant du sang arabe semblent posséder un tempérament – à la fois volontaire, vif et plein de sang-froid – convenant particulièrement à l'endurance.

ATTENTION, DANGER !

Les cavaliers d'endurance aiment le dépassement : mais, attention, il n'est pas facile de juger jusqu'où le cheval peut « se dépasser » sans être... dépassé. Les vétérinaires sont là pour donner l'alerte quand l'effort est trop violent : écoutez toujours leurs conseils, ne rejetez pas leur verdict. Une éventuelle élimination doit vous faire penser à remettre en question ce que vous demandez à votre monture.

Effort et récupération en endurance

Pour réussir en endurance, il faut parvenir à un haut degré de compréhension du fonctionnement du cheval pendant l'effort. Cette compréhension repose à la fois sur l'expérience, une perception fine de sa propre monture et sur quelques connaissances en physiologie de l'effort.

Bob Langrish

DOSER L'EFFORT

Le point important, en endurance, n'est pas de résister à la fatigue, mais de retarder et de limiter son apparition. Pour cela, il faut savoir doser l'effort.

LA FATIGUE

La fatigue, en endurance, c'est l'incapacité physiologique à poursuivre l'effort. Le principal responsable de la fatigue est l'accumulation de déchets dans l'organisme – principalement de l'acide lactique produit lors du travail anaérobie. L'effort d'endurance ne peut donc se poursuivre qu'en aérobiose. Pour bien comprendre ce principe, il faut connaître la physiologie du muscle – organe essentiel de la motricité.

L' A.T.P., CLÉ DE L'ÉNERGIE

L'adénosine triphosphate, ou A.T.P., est le nutriment principal du muscle et de tout le métabolisme dès lors que l'énergie est requise. Or, les réserves d'A.T.P. dans le tissu musculaire sont très faibles : de quoi alimenter un effort d'une ou deux secondes tout au plus. Le muscle doit donc synthétiser en permanence de l'A.T.P. pour pouvoir poursuivre l'effort. Cette synthèse peut se faire selon trois filières.

LES TROIS FILIÈRES D'ALIMENTATION DU MUSCLE

• La première filière de synthèse de l'A.T.P. est l'anaérobie analactique : le muscle utilise la phosphocréatine disponible, ce qui lui permet de produire une énergie puissante sans consommer d'oxygène ni créer de déchets : un petit miracle qui ne dure, hélas, que quelques secondes, dix tout au plus. Cette filière ne convient qu'à des efforts « explosifs » : saut, départ d'une course, par exemple.

BON A SAVOIR
Puissance moyenne

Le point crucial à retenir est que la filière aérobie ne permet qu'une puissance moyenne, correspondant, pour un cheval entraîné, à un déplacement à environ 20 km/h (trot régulier). C'est pourquoi l'effort d'endurance ne doit jamais être violent, faute de quoi l'organisme rebranche automatiquement la filière anaérobie lactique, qui produit des déchets, et qui, par conséquent, entraîne de la fatigue et nécessite une récupération.

Bob Langrish

• La deuxième filière est l'anaérobie lactique, qui utilise les sucres. L' A.T.P. est, dans ce cas, synthétisée à partir du glucose sanguin et du glycogène hépatique et musculaire sans qu'il y ait consommation d'oxygène. L'inconvénient est que cette filière produit des déchets – sous forme d'acide lactique, véritable poison de l'effort. L'énergie ainsi récupérée donne une grande puissance, mais ne permet qu'un effort de courte durée (trois minutes environ), l'acide lactique réduisant rapidement la contractilité du muscle.

• La troisième filière – et la bonne, comme on s'en doute, en endurance – est la filière aérobie, qui permet la synthèse de l' A.T.P. à partir des sucres et des graisses (glycogène et triglycérides) en présence d'oxygène. La synthèse entraîne aussi la formation d'eau – éliminée par la transpiration – et de dioxyde de carbone – éliminé par les poumons.

Voilà enfin de l'énergie disponible à long terme ! Mais cette filière est longue à se mettre en route et ne fournit qu'une énergie moyenne.

RIEN N'EST SIMPLE...

Vous pensez maintenant avoir trouvé la solution : il suffit d'atteindre le seuil de l'effort en aérobie pour que le cheval coure 100 km sans fatigue. Hélas, ce n'est pas aussi simple...

LA FATIGUE INÉVITABLE

Chaque type d'effort utilise de façon préférentielle l'une ou l'autre filière. En endurance, les trois filières, toutes sollicitées au départ du raid, continuent à coexister pendant la course : en effet, une modification de la vitesse, une montée, une irrégularité du terrain suffisent à mettre en route la filière anaérobie. C'est pourquoi, malgré la prédominance de l'effort en aérobie, il y a toujours, en endurance, production de déchets (acide lactique) et donc apparition de la fatigue.

Bob Langrish

Bob Langrish

ATTENTION, DANGER !

Une fatigue excessive peut occasionner des troubles graves et provoquer des lésions définitives. Dans les cas extrêmes, elle peut même entraîner la mort, comme ce fut le cas lors des premiers raids d'endurance, quand les contrôles vétérinaires étaient insuffisants. Les champions d'aujourd'hui sont ceux qui savent bien doser effort et récupération.

D'autre part, chaque fois que l'effort est produit en anaérobie, il se produit une dépense d'oxygène, qui doit être couverte régulièrement au cours de phases de récupération.

LA RÉCUPÉRATION INDISPENSABLE

En conséquence, quel que soit l'entraînement du cheval et sa capacité à poursuivre un effort en aérobie, il est indispensable de lui accorder, au cours d'un raid, des périodes pendant lesquelles il pourra récupérer l'oxygène consommé.

Il est également nécessaire de réduire autant que possible les efforts en anaérobie afin de retarder l'apparition de la fatigue et d'en diminuer l'intensité. Or, tout démarrage après un repos complet passe par la filière anaérobie : c'est pourquoi on privilégie en raid la récupération active.

Bob Langrish

LE BON GESTE

Lorsqu'il utilise la filière aérobie, l'organisme consomme énormément d'eau, que le cheval élimine en transpirant : il est essentiel de compenser cette perte en eau en permettant au cheval de boire régulièrement.

Bob Langrish

PARTIR

La Corse
Le Lubéron
Le Calvados
Le Maroc
La Suède
Le Texas
Le Montana

La Corse

La Corse est un endroit merveilleux pour randonner : ses sentiers escarpés mènent de village de montagne en crique sauvage, sous un ciel le plus souvent d'azur, dans une nature incroyablement préservée.

Sorrel

UN PARFUM SAUVAGE

Sauvage, dure, secrète et séduisante à la fois, la Corse vous offre sa mer langoureuse et ses montagnes abruptes. Les chauds parfums du maquis se mêlent à l'odeur tonique de l'iode venue des côtes et s'envolent vers les roches sévères des passes montagneuses.

UNE NATURE PRÉSERVÉE

La Corse arrive en tête des régions françaises les mieux préservées. Son histoire mouvementée a bloqué le développement de l'industrie pour le plus grand bonheur des amateurs de nature sauvage. En Corse, l'air est pur et les eaux limpides. Quatre-vingt-dix pour cent des rivières corses sont vierges de toute pollution. Faune et flore protégées, sites classés, réserves naturelles : les Corses entendent préserver leur île. Seul point noir mais de taille : les décharges, « sauvages » elles aussi, qui envahissent plages paradisiaques et sentiers bucoliques.

UN ÉTRANGE BÉTAIL

Partout, dans le maquis, dans la forêt et en montagne, vous croiserez un étrange bétail, ni tout à fait sauvage ni tout à fait domestique : les fameux cochons corses, noir et rose, qui déboulent soudain d'un buisson où ils cherchaient des glands, les vaches faméliques et les vastes troupeaux de moutons qui transhument encore deux fois par an et fournissent le lait pour le fromage, le broccio, ou d'autres spécialités de l'île.

Les chevaux corses ont une solide charpente et un pied incroyablement sûr. Ici, à l'orée de la forêt – qui couvre un quart du territoire !

Sorrel

Sorrel

De nombreuses vaches plus ou moins retournées à l'état sauvage – elles avaient été acquises en bonne partie pour obtenir la prime d'élevage aujourd'hui supprimée – hantent les terres corses. Mais certains troupeaux sont dûment soignés et surveillés par de véritables cow-boys corses.

UNE FAUNE RICHE

Du côté de la faune sauvage, vous apercevrez peut-être les sangliers – attention, ce sont des animaux dangereux s'ils sont accompagnés de leurs petits –, les cerfs corses réintroduits il y a quelque temps dans certaines régions, les mouflons corses en montagne. Les « birdwatchers » ont intérêt à se munir de leur jumelles : ils pourront observer, entre autres oiseaux, le gypaète barbu, l'aigle royal, le milan royal, l'autour des palombes, le discret venturon corse et, sur le littoral, toutes sortes de goélands et autres puffins. Dans les eaux, on observe couramment dauphins et marsouins, plus rarement le rorqual et le cachalot.

Sorrel

LE MAQUIS

La Corse ne serait pas elle-même sans son maquis, où de fameux bandits sont censés s'être réfugiés des années durant. Sa végétation rase, typiquement méditerranéenne, est faite d'arbustes, épineux ou non – jusqu'à 6 m de hauteur – et de plantes buissonnantes qui forment un tapis végétal dense. Le maquis, brûlant en été, bourdonne du chant des insectes en activité, mais n'abrite pas, rassurez-vous, la moindre vipère.

ATTENTION, DANGER !

Le feu : une menace réelle

Tous les étés, des incendies dévastent des zones importantes de l'île. Criminels ou non, ils présentent un danger réel pour les randonneurs. Les feux sont, naturellement, interdits entre le 1er juillet et le 30 septembre. En cas d'incendie, même éloigné, regagnez les zones de sécurité (signalées). Ne partez pas en forêt lorsque le temps favorise la propagation du feu : vents forts et temps très chaud.

CARNET DE ROUTE

• Comment y aller?

Par bateau, au départ de la France ou de l'Italie, comptez deux à trois heures de traversée sur les navires à grande vitesse – mais attention, ils ne circulent pas si la mer est grosse –, cinq heures pour une traversée ordinaire. Par avion, à destination de Bastia, Calvi ou Ajaccio.

• Attention, la Corse n'est pas une destination bon marché. Si vous vous inscrivez pour une randonnée, assurez-vous que la plupart des frais courants sont comptés dans le tarif proposé. Les chèques de voyage sont acceptés, mais la commission est importante.

• Climat

Pour randonner, le printemps et l'automne sont les meilleures périodes. En été, la chaleur est parfois harassante. De juin à septembre, le grand beau temps est assuré, très chaud dans le maquis et sur le littoral. En montagne, des orages soudains sont possibles, accompagnés d'averses violentes et d'une soudaine baisse de température. Prévoyez toujours un pull si vous allez à l'intérieur des terres et un vêtement de pluie si votre but est la montagne. On compte cinquante jours de pluie par an, dont une bonne partie semble tomber en… mai!

Le vent souffle fréquemment, parfois avec force : le libeccio, sec et chaud, vent dominant sur l'île ; le mistral qui s'engouffre dans la vallée du Rhône sur le continent et arrive sur l'île avec violence ; le sirocco, venu d'Afrique du Nord, brûlant, desséchant et chargé de poussière.

• Se loger et loger les chevaux

Le camping sauvage est interdit en Corse : il n'est donc pas question de bivouaquer en plein maquis ou sur une plage. En revanche, les gîtes d'étape abondent. De nombreuses fermes équestres sont prêtes à vous recevoir. Les bergeries éparpillées un peu partout sur le territoire, notamment en montagne, constituent des gîtes d'étape parfaits, à condition d'avoir l'autorisation de les occuper.

• Où vous adresser :

C. D. T. E. Corse
Piedigriggio – 20218 Ponte Leccia
Tél. : 04 95 47 60 05

Agence de tourisme de la Corse
17, boulevard du Roi Jérôme,
BP 19, 20181 Ajaccio

Accueil rural corse
Relais des Gîtes ruraux
1, rue du Général Fiorella
2000 Ajaccio
Tél. : 04 95 51 72 82

BON A SAVOIR
La Corse en chiffres

Sorrel

Superficie : 8 681 km²

Population : 250 000 habitants

Point culminant : monte Cinto, 2 710 m

Côtes : 1000 km, dont 122 km préservés par le Conservatoire du littoral

Forêts : couvrent près du quart de la superficie

Maquis : 40 % des terres

Près de Bastia, le littoral descend en pente douce et permet aux cavaliers de s'avancer assez loin dans l'eau.

Sorrel

Le Luberon

De champs de lavande en carrières d'ocre, de plantations d'oliviers en gorges profondes, randonner à cheval dans le Parc du Luberon, au carrefour des influences alpines et méditerranéennes, est un privilège.

Miriski/Cogis

UNE RÉGION EXCEPTIONNELLE

Le Luberon est l'une des plus belles régions de France et probablement aussi l'une des plus belles d'Europe. Aussi est-il connu même hors des frontières françaises – ce que déplorent parfois les amoureux de la région !

VICTIME DE SON SUCCÈS

Regroupant le Petit et le Grand Luberon, qui s'étendent sur une centaine de kilomètres d'est en ouest, adossée au Vaucluse au nord et venant mourir 50 km plus au sud sur les berges de la Durance, la région compte un grand nombre de villages magnifiques – Gordes, Bonnieux, Roussillon, Lourmarin, Apt, Manosque, etc. – dont l'authenticité a fasciné les voyageurs dès la seconde moitié du XIXe siècle. Victime de

Miriski/Cogis

La splendide région qui s'étend des carrières d'ocre, à l'est de Roussillon, aux gorges d'Oppédette, à l'est de Rustrel, est baptisée « Colorado provençal ». Ses paysages rougeoyants entaillés de ravins vertigineux rappellent en effet les spectaculaires canyons américains.

On trouve dans toute la région des itinéraires escarpés – les crêtes du Grand Luberon culminent à 1125 m et les sentiers du Colorado provençal donnent, au sens propre, le vertige.

Miriski/Cogis

LE COIN DU PRO
Laissez l'été aux touristes !

Pour éviter le flot des touristes, profitez de la région en dehors des mois d'été. Vous et vos chevaux y serez d'autant mieux accueillis. Encore marqué par l'influence alpine, le climat peut être froid et sec en hiver, pluvieux en automne. Mais la Provence est là et le soleil se montre le plus souvent généreux. En automne, vous aurez droit à un festival de couleurs et de lumière. Au printemps, vous trouverez les vergers et les vallées en fleurs. L'hiver vous réservera sa solitude, ses petits matins de givre et son air cristallin.

Miriski/Cogis

son succès, le Luberon est visité chaque année par des millions de touristes.

LE PARC NATUREL RÉGIONAL

Pour le voyageur à cheval qui goûte les sentiers moins battus, le Luberon possède surtout un patrimoine naturel extraordinaire. De Manosque à Cavaillon, le Parc naturel régional du Luberon, déclaré réserve de biosphère par l'Unesco en 1997, présente une étonnante diversité de paysages tous magnifiques. Ce territoire, parsemé de villages perchés et de vergers fleuris, de ravins sévères et de forêts méditerranéennes, traversé de part en part par les rudes massifs du Grand et du Petit Luberon, réserve au randonneur une succession d'émerveillements.

L'AVIFAUNE

L'observation de la faune est rendue difficile, de juin à septembre, par la présence des visiteurs. Mais en choisissant de randonner en dehors de cette période, ou de vous balader en été, mais aux heures où les promeneurs sont encore au lit, vous pourrez découvrir de nombreuses espèces sauvages protégées.

L'avifaune, notamment, y est remarquable. Vous surprendrez des rapaces protégés, comme l'aigle de Bonelli, en voie de disparition, hélas, le vautour percnoptère ou le circaète jean-le-blanc.

Ils cèdent la place, la nuit, au hibou grand duc, à la chouette hulotte ou à la chouette effraie.

Le long de la Durance, on peut observer de nombreux oiseaux aquatiques.

UN TERRITOIRE EN VIE

L'une des missions du parc est de préserver une agriculture vivante : de nombreuses exploitations témoignent de cet effort.

Des rangs de lavande bourdonnants, des vergers nichés au flanc des vallées où cerises, pêches et olives s'occupent à mûrir, et encore des potagers où l'on cultive une multitude de variétés de plantes herbacées.

La maison de la biodiversité à La Thomassine, près de Manosque, a recensé les 290 variétés de fruits et de légumes qui constituent le patrimoine génétique de ce territoire.

Miriski/Cogis

Été comme hiver, le soleil se montre généreux.

LE LUBERON À CHEVAL

Au milieu de ces merveilles que les autochtones s'efforcent à la fois de faire valoir et de protéger, le randonneur à cheval doit évoluer avec prudence et respect.

BON A SAVOIR

Parc naturel régional du Luberon
60, place Jean Jaurès
BP 122
84404 Apt Cedex
Tél. 04 90 04 42 00

DE LA SIMPLE BALADE À LA GRANDE RANDONNÉE

On peut établir des circuits de toutes les longueurs, si bien qu'on peut faire une randonnée d'un week-end, de quatre ou cinq jours ou de toute une semaine. Découvrir l'ensemble du territoire, c'est faire une boucle d'environ 250 km. Les sentiers sont très divers et vont de la sente caillouteuse dans les massifs aux larges chemins de la plaine de la Durance en passant par les sentiers forestiers. Choisissez des chevaux ayant le pied sûr, et qui supportent bien la chaleur si vous partez en été.

Miriski/Cogis

Un sentier forestier en automne dans le parc régional, près d'Apt.

BIEN S'ORGANISER

De nombreux centres équestres émaillent la région et vous proposeront balades et randonnées organisées. Des gîtes sont prêts à vous accueillir le temps d'une nuit. Dans tous les cas, vous devez préparer soigneusement votre circuit et réserver à l'avance, en particulier pour la période mai-octobre. Renseignez-vous auprès de l'administration du Parc naturel pour connaître vos droits… et vos devoirs.

Le Calvados

Avec ses bocages et ses paysages tout en douceur, son climat parfois humide mais jamais froid, le Calvados, à moins de trois heures de Paris, est un pays d'élevage où l'on croise un cheval à chaque tournant de chemin.

Miriski/Cogis

LE PAYS DES CLICHÉS

La Normandie, tout le monde connaît. Mais l'idée qu'on s'en fait n'est souvent qu'une suite de clichés plus ou moins justifiés.

VERTS PÂTURAGES, PLUIE ET GASTRONOMIE

Qui dit Normandie dit vaches paissant au milieu de gras herbages, pluie à peu près continuelle, spécialités gastronomiques dans chaque ville et chaque village.

Pour le Calvados, on ajoutera pommeraies, cidre et... calvados. En réalité, le Calvados

BON A SAVOIR
Parlons climat...

Pour le randonneur, ce point est capital. Disons-le : la Normandie n'a pas bonne réputation. On connaît le dicton : « En Normandie, s'il ne pleut pas, c'est qu'il va pleuvoir. » Pourtant, les étés normands ne manquent pas de soleil – Caen est à la fois plus ensoleillé et moins arrosé que Paris ou Brest par exemple. Par ailleurs la pluviosité n'est pas la même partout : importante sur les sommets de la Suisse normande (jusqu'à 1100 mm par an !) elle est plus modérée dans le pays d'Auge et le Bessin et tout à fait moyenne dans la plaine de Caen (600 mm, c'est-à-dire moins qu'à Paris). Néanmoins, le randonneur averti emportera ce qu'il faut pour se protéger des averses.

Miriski/Cogis

Tout en profitant des charmes de la campagne normande, admirez l'architecture si caractéristique de la région.

Miriski/Cogis

présente des paysages assez divers, qui vont des collines coiffées de bosquets du pays d'Auge et de la plaine de Caen jusqu'au littoral, avec ses longues plages et ses falaises, en passant par le fameux bocage de la « Suisse normande » (haute vallée de l'Orne).

Les longues plages sablonneuses sont de merveilleuses pistes de galop... en dehors des heures où se pressent les baigneurs !

UN PEU D'HISTOIRE

L'histoire de la Normandie est d'une grande richesse. Plusieurs sites témoignent de la présence de l'homme, au Calvados, à l'époque néolithique.

Les mouvements de population qui suivirent sont mal connus, mais on sait que les Celtes envahirent la contrée vers 900 av. J.-C., puis les « Belges » (vers 500 av. J.-C.).

Ces peuples, auxquels il faut ajouter des Ligures et des Ibères, forment la population des « Armoricains », c'est-à-dire les Gaulois auxquels allait se heurter César.

Après la conquête romaine, le territoire fut envahi par les Saxons, puis par les peuples venus de Scandinavie. C'est un chef scandinave, Rollon, qui crée le duché de Normandie (entre 911 et 927). Français et Anglais se disputeront âprement la région du XIIIe au XVIe siècle.

L'histoire plus récente a, hélas, laissé elle aussi des traces : pendant la Seconde Guerre mondiale, villes et villages ont sérieusement souffert des bombardements, la côte se couvrant, elle, de bunkers.

LE CALVADOS AUJOURD'HUI

Le Calvados vit avant tout de l'agriculture et de l'élevage. Viennent ensuite la pêche et le tourisme. Ce dernier est très saisonnier, mais de nombreuses municipalités s'efforcent de multiplier les événements de toute nature pour attirer les visiteurs en dehors des mois d'été : festivals culturels, expositions, congrès et séminaires, événements sportifs, etc.

L'industrie, assez dynamique dans les deux premiers tiers du XXe siècle, connaît depuis des difficultés.

Aujourd'hui, le Calvados est un pays coquet qui donne une impression, parfois trompeuse, de richesse.

BON A SAVOIR

Calvados Tourisme
Place du Canada
14000 Caen
Tél. : 02 31 86 53 30

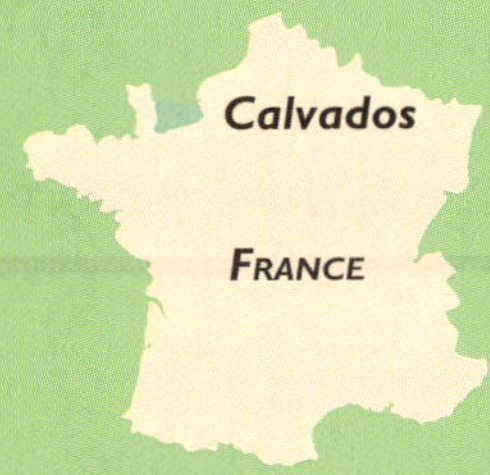

TERRE DU CHEVAL

Véritable terre d'accueil pour les chevaux, le Calvados est le paradis des cavaliers.

Miriski/Cogis

LE CHEVAL EST PARTOUT

Les herbages normands restent verts toute l'année ; de plus, la richesse du sol garantit une herbe nutritive particulièrement bonne pour les chevaux. Ce n'est pas par hasard que les élevages de chevaux de sport se sont tant développés dans la région. D'écuries de courses en hippodromes, de centres équestres en terrains de concours, le Calvados est une véritable terre d'accueil pour les amoureux du cheval.

DES RANDONNÉES TOUT CONFORT

Les balades sont possibles dans presque tous les villages et des randonnées sont organisées à travers tout le pays, aussi bien dans les terres de l'intérieur que sur le littoral. L'instabilité du temps et la quantité de structures d'accueil existantes font que, pour les chevaux comme pour les cavaliers, l'hébergement se fait plutôt en gîte. Le Calvados se prête bien à des randonnées confortables et sûres qui permettent aux cavaliers débutants de faire leurs armes dans des conditions plutôt faciles.

Il existe aussi, pour les amateurs de randonnées plus sauvages, la possibilité de bivouaquer sur certains terrains – après en avoir demandé, bien sûr, l'autorisation à la commune ou au propriétaire.

GROS PLAN

Gastronomie normande

Tandis que votre cheval se régalera de l'herbe des fameux pâturages normands, vous pourrez apprécier l'une des nombreuses spécialités gastronomiques de la région : la pomme et ses dérivés (cidre, calvados, pâtisseries), les fromages et les produits laitiers (camembert, pont-l'évêque, livarot, crème et beurre d'Isigny), les merveilles de la mer (morue à la mode de Honfleur, matelote, crevettes chaudes). Dans les terres de l'intérieur, ne manquez pas le poulet de la vallée d'Auge et l'andouille de Vire.

Le Maroc

Pays de montagne, de mer et de désert, le Maroc offre une multitude de paysages sauvages propices à la randonnée. Si vous visitez plusieurs régions, vous verrez quelle variété d'aspects présente ce splendide pays.

Sorrel

DÉCOUVRIR LE MAROC

Le Maroc, à cheval entre deux mers, hérissé de chaînes montagneuses (le Rif et l'Atlas) et bordé par le désert, offre une très grande variété de paysages.

PLUSIEURS PAYS EN UN

Si vous avez des idées préconçues, elles risquent d'être un peu chamboulées. Les montagnes du Maroc sont escarpées, arides, leurs sommets enneigés scintillent sous une lumière implacable ; mais elles abritent des vallées fertiles qui s'ouvrent comme de petits paradis.

Les plages, immenses, sont baignées par une mer souvent bien plus fraîche qu'on ne s'y attendrait et, généralement, dangereuse. Désert et oasis sont pleins d'une vie insoupçonnée.

LE COIN DU PRO
Quelques conseils pratiques

- Un passeport en cours de validité est indispensable. Pour les Belges, un visa est nécessaire.
- Aucune vaccination n'est exigée, mais il est recommandé d'être à jour pour les vaccinations courantes et de se faire vacciner plusieurs semaines à l'avance contre la fièvre typhoïde et l'hépatite A.
- Les contaminations par l'eau et les aliments sont fréquentes. Faites bouillir l'eau ou buvez de l'eau minérale, évitez les crudités et pelez vous-même les fruits.
- Dans votre pharmacie de secours, n'oubliez pas les désinfectants intestinaux !
- Munissez-vous de répulsifs antimoustiques efficaces.

Chapeau, lunettes et protection solaire indispensables !

Sorrel

Sorrel

Le cheval est un animal respecté dans ce pays qui en produit de si beaux et où on réserve, en général, le meilleur accueil aux cavaliers.

A cheval, vous éviterez les grandes villes et les circuits touristiques pour découvrir l'étrange monde végétal des palmeraies, les ksours (villages fortifiés) perchés sur les falaises, les forteresses de pisé, les djebels caillouteux écrasés de soleil, l'océan immobile des grandes dunes. Chaque région a son âme et ses coutumes, mais vous n'oublierez jamais que vous êtes en pays musulman.

LA FAUNE ET LA FLORE

Le Maroc est un paradis pour les ornithologues. On y observe des colonies d'oiseaux migrateurs mais aussi de nombreuses espèces sédentaires comme les traquets, les ibis, les merles bleus et, même, les aigles.

Si le lion a disparu depuis des siècles, le lynx et le chacal sont encore communs, ainsi

BON A SAVOIR
Adresses utiles

Pour randonner à cheval au Maroc, contactez la ligue de tourisme équestre de votre région, qui vous orientera vers les organismes les plus sérieux. Une bonne adresse sur place :
North Africa Horse
Ouarzazate
Tél (212-4) 88 66 89

Adressez-vous aussi à l'antenne de l'Office du tourisme marocain de votre pays :
Office du tourisme marocain en France
161, rue Saint-Honoré 75 001 Paris
Tél 01 42 60 47 24

Office du tourisme du Maroc en Belgique
Avenue Louise, 402 Bruxelles 1050
Tél 646 63 20

Office du tourisme marocain en Suisse
5, Schifflände 8001 Zurich
Tél 252 77 52

Sorrel

Il pleut très peu dans le sud du Maroc : trouver de quoi abreuver les chevaux est parfois difficile.

Le Maroc en chiffres

Population :
29 millions d'habitants
Superficie : 710 850 km^2,
dont 100 000 m^2 de relief
au-dessus de 2000 m et 260 000 km^2
de Sahara occidental.
Côte atlantique : 2800 km
Côte méditerranéenne : 530 km
70 000 dromadaires et des millions d'ânes

que la gerboise et le fennec. Gare aux scorpions et aux serpents qui hantent rochers et dunes – la vipère des sables n'est pas une légende !

La végétation varie considérablement d'une région à l'autre en fonction du climat et du relief. Le Sud est pauvre en dehors des palmeraies, ces paradis végétaux où l'on cultive différentes espèces. Dans les régions méditerranéennes et dans certaines vallées fertiles, on admirera, de février à avril, la floraison des nombreuses espèces à fruits : amandiers, orangers et citronniers, grenadiers, etc.

On ignore souvent que le Maroc possède des massifs forestiers très étendus où se côtoient chênes-lièges, cèdres, pins et sapins.

CHAUD-FROID

Quand on dit Maroc, on pense à la chaleur écrasante et sèche du Sahara. Mais le climat marocain est très variable selon les régions : méditerranéen au nord, atlantique à l'ouest, saharien au sud. Les écarts de température peuvent être considérables au cours d'une même journée, la chaleur, accablante l'après-midi, pouvant être suivie de gelées la nuit. On dit d'ailleurs que le Maroc est un pays froid où le soleil est chaud. En altitude, le climat peut être rude et venteux et, en hiver, très froid.

Les mois de juillet et d'août sont les plus chauds. Pour une randonnée à cheval, choisissez plutôt le printemps ou l'automne, sauf si vous optez pour les régions sahariennes, qu'il faut visiter de préférence entre octobre et février.

LA RANDONNÉE D'AVENTURE

Randonner à cheval au Maroc, c'est accepter de partager avec ses terres reculées quelques jours d'aventure. Informez-vous et préparez-vous.

PAR MONTS ET PAR OUEDS

Pour randonner au Maroc, on monte presque exclusivement des chevaux de race barbe ou arabe, qui sont infatigables, agiles, parfaitement adaptés au climat et au terrain souvent escarpé.

La plupart des organismes proposent des randonnées d'une huitaine de jours, avec campements itinérants. Les bivouacs se font à la belle étoile ou sous la tente. Ces itinéraires vous mèneront souvent dans des régions très isolées, où vous devrez vous contenter de la nourriture locale et d'un confort minimum : ne partez pas si vous n'aimez pas la randonnée sauvage.

VOTRE ÉQUIPEMENT

La température pouvant varier considérablement, renseignez-vous sur le climat de la région choisie au moment où vous vous y rendrez.

Prévoyez de monter avec la chaleur la plus accablante : pas de jeans serrés, de sous-vêtements en tissu synthétique ni de bottes. Optez pour un pantalon d'équitation souple et fin, des bottines ou des chaussures de marche avec, éventuellement, des mini-chaps. Emportez un chapeau, des lunettes de soleil, une crème solaire très protectrice, mais aussi un ou deux pulls, une veste chaude et un coupe-vent imperméable.

Sorrel

Bivouac dans la lumière du couchant : vous avez dit sauvage ?

La Suède

La Suède, le plus grand et le plus prospère des pays scandinaves, offre, comme la Norvège et la Finlande, une nature préservée et la densité de sa population est très faible : à vous les grands espaces verts !

Sorrel

LE PAYS DES VIKINGS

De leurs ancêtres Vikings, les Suédois ont gardé une grande vigueur et un respect presque religieux pour la nature.

UN PEU D'HISTOIRE

Peuplée sans doute depuis la préhistoire, la Suède tient son nom de la première civilisation connue, qui y déploya une intense activité marine un siècle avant notre ère.

Sorrel

BON POUR LE MORAL

L'eau du robinet est potable dans tout le pays et, dans les régions reculées, on peut boire sans danger l'eau des torrents et des lacs.

LE SAVIEZ-VOUS ?

Pas question de randonner en Suède avec votre propre monture ou de faire participer Médor : le pays refuse tout simplement l'entrée des animaux sur son territoire, de même que la Norvège et la Finlande !

Entre la fin du Ve siècle et le VIIIe siècle ap. J.-C., deux tribus, les Svears et les Goths, se disputèrent le pays. Les Svears, qui se sont installés dans la région de Mälaven, parvinrent à imposer leur suprématie (défaite des Goths à Bråvalla) et fondèrent le royaume de Suède. Celui-ci n'était en fait qu'une fédé-

Sorrel

Dans ce pays sauvage et coquet à la fois, tout est fait pour favoriser les activités de plein air.

ration de provinces autonomes dont les représentants se réunissaient pour discuter de paix, de guerre, de finances. Le roi était élu mais il s'agissait obligatoirement d'un membre de la famille royale.

A la période des expéditions normandes (800 – 1060) succèdent des disputes pour la direction du pays, qui passe aux Folkung.

La dynastie Vasa leur succède au XVIe siècle. Avec Gustave III Adolphe, la Suède est un pays puissant qui intervient victorieusement dans la guerre de Trente Ans.

Cependant, cette puissance faiblit au début du XVIIIe siècle avec les guerres coûteuses menées par Charles XII.

Dans la seconde moitié du XIXe siècle, plus d'un million de Suédois, poussés par la pauvreté et la famine, quittèrent le pays pour les États-Unis.

Le pays amorça au début du XXe siècle une révolution industrielle en douceur.

Aujourd'hui, la Suède possède l'un des niveaux de vie les plus élevés de l'Europe et l'une des sociétés les plus égalitaires où l'État-providence, au prix d'impôts très lourds, assure la meilleure protection sociale de l'Union européenne. Pacifiste et respectueux de l'environnement, le peuple suédois nous apparaît encore comme un modèle.

Vous randonnerez sur de solides et confortables grands poneys, style fjords.

Sorrel

LE VISAGE DE LA SUÈDE

La Suède s'étend, tel un ruban vert, sur 1600 km du nord au sud : elle possède ainsi des régions circumpolaires – comme la Laponie – et d'autres proches de l'Europe centrale.

On peut rattacher son climat aux climats froids, mais il est évident que des différences considérables existent entre les trois grandes régions que sont la Suède septentrionale, ou Norrland, la Suède centrale ou Svealand, et la Suède méridionale ou Götaland.

Vu du ciel, ce long ruban se présente comme un camaïeu de taches vertes et de taches bleues formées par les forêts et les lacs : sur ces 449 964 km^2 de superficie, 38 459 km^2 sont occupés par les eaux intérieures. Le Vänern, le plus grand lac d'Europe occidentale, occupe à lui seul 5585 km^2.

BON A SAVOIR

Qu'emporter ?

En été, les journées peuvent être chaudes, mais les nuits sont toujours fraîches. Il pleut fréquemment et il est indispensable de prévoir des vêtements de pluie et une paire de bottes ou de bottines imperméables.

N'oubliez surtout pas d'emporter un produit contre les insectes, car les moustiques pullulent et risquent de vous mener la vie dure si vous campez.

BON A SAVOIR

Office du Tourisme suédois
146-150, avenue des Champs-Élysées,
75008 Paris
Téléphone : 01 42 25 65 52

Centre culturel suédois
11, rue Payenne, 75003 Paris
Téléphone : 01 44 78 80 20

UN PAYS DE VERDURE

La Suède est un pays extraordinairement vert : la pluviosité, sans être excessive, est très bien répartie sur toute l'année. Tout semble vert aux yeux des visiteurs, même les villes, reliées entre elles par des kilomètres de routes qui traversent des forêts infinies, longent des lacs et des fleuves et semblent perpétuellement bordées de fleurs.

Cet aspect verdoyant si particulier s'accompagne d'une lumière elle aussi bien caractéristique et particulièrement spectaculaire en été, quand les nuits deviennent très courtes.

L'hiver, en revanche, les journées sont très brèves : cinq à six heures de lumière par jour dans le sud et moins encore dans le nord.

RANDONNER EN SUÈDE

En Suède, la saison tempérée est courte, mais tout est fait pour favoriser les randonnées à pied, à cheval ou à vélo.

LA VIE AU GRAND AIR

Les Suédois adorent la vie au grand air et tout le pays est aménagé pour favoriser la pratique des sports de plein air. Pas une route sans piste cyclable, vitesse des voitures très limitée, sentiers entretenus et balisés...

L'équitation comptant parmi les sports favoris de ce pays, la moindre agglomération a son centre équestre.

Les possibilités de balades et de randonnées sont multiples dans toutes les régions et vous pourrez découvrir à cheval aussi bien l'extraordinaire paysage boréal de la Laponie que la région des grands lacs avec ses fermes coquettes ou, au centre, le merveilleux Hälsingland dont les collines bleutées se couvrent, en été, d'airelles rouges et de myrtilles. Le littoral est partout d'une grande beauté.

QUAND RANDONNER EN SUÈDE ?

Le moment idéal pour randonner s'étend du 15 juin à la fin du mois d'août. En juin, les nuits sont très courtes et très claires, ce qui est la fois fascinant et... parfois un peu perturbant, surtout si l'on dort sous la tente ! En cette période, la température moyenne est de 15 °C et, même en Laponie, les journées peuvent être chaudes et ensoleillées.

Sorrel

Il ne fait pas toujours froid en Suède : en été, de belles journées ensoleillées permettent les baignades dans les lacs... pour les moins frileux.

LE COIN DU PRO

Les produits locaux sont toujours plus efficaces pour lutter contre les nuisances locales : contre les féroces moustiques suédois, faites sur place l'acquisition d'une lotion antimoustique (à la puissante odeur de goudron) dont vous devrez aussi faire profiter votre cheval.

GROS PLAN

La Suède faisant partie de l'Union européenne, vous entrerez dans le pays sur simple présentation d'une carte d'identité ou d'un passeport valide.

Le Texas

Déserts brûlants, gorges profondes, vastes forêts de conifères, prairies à l'infini, golfe baigné d'une mer d'azur : le Texas n'est pas seulement le pays des cow-boys et du bétail. Cet immense territoire aux paysages divers offre aux cavaliers des randonnées très variées et toujours dépaysantes.

Kit Houghton

COMPRENDRE LE TEXAS

Ce territoire indien fut d'abord investi par les missionnaires espagnols, puis par les planteurs de coton et leurs esclaves. Sans désavouer sa vocation agricole, le Texas est devenu au XXe siècle le théâtre d'un spectaculaire développement industriel.

TERRITOIRE DES INDIENS

Les premiers habitants de cet immense territoire furent, bien sûr, les Indiens, qui étaient environ 10 000, répartis en plusieurs tribus, lorsque les Espagnols, venus par le Mexique, découvrirent la contrée au début du XVIe siècle.

LE SAVIEZ-VOUS ?

Américain « pur jus » ?

On imagine difficilement plus américain que le Texan. Et pourtant... la société texane est un mélange complexe de Tex-Mex d'origine espagnole, de Mexicains, de pionniers d'origine européenne (surtout Allemands et Irlandais) et de Noirs descendant des esclaves. La discrimination raciale est très forte et le pouvoir politique et économique est longtemps resté, et reste encore largement, aux mains des Blancs.

Quant aux quelque 10 000 Indiens, ils sont concentrés dans l'unique réserve du Texas, qui est située dans les forêts de l'Est.

Chapeau, foulard et bottes ne sont pas obligatoires. Mais vous pourrez constater qu'ils ont leur utilité pour vous protéger du soleil (méfiez-vous si vous allez dans les régions désertiques), de la poussière et des buissons épineux (et des serpents !).

Kit Houghton

BON A SAVOIR

Pour se renseigner

En France
Office du tourisme américain
Téléphone : 01 42 60 57 15
ou sur minitel : 3615 USA

En Belgique
Office du tourisme américain
Téléphone : 02 648 40 22

En Suisse
Ambassade des États-Unis, Berne
Téléphone 31 43 70 11

Aux États-Unis
Texas Division of Tourism
P.O. Box
12728 Austin 78711-2728
Téléphone : 800-888-8839

Texas Parks and Wildlife Dept.
Austin Headquarters Complex
4200 Smith School Rd
Austin 78744
Téléphone : 512-389-4800
ou 800-792-1112

Kit Houghton

Les missionnaires espagnols fondèrent l'une des premières villes, San Antonio, en 1691. Aujourd'hui, la ville abrite le très fameux fort Alamo.

NAISSANCE D'UN ÉTAT

Mais la région ne prit véritablement son essor qu'au tout début du XIXe siècle. Deux hommes marquèrent la naissance de l'État : Stephen Austin, qui s'installa au nord de l'État, alors mexicain, avec quelque 300 familles de pionniers, et Samuel Houston, homme politique et fervent nationaliste, qui œuvra pour l'indépendance du Texas (obtenue en 1836), puis son rattachement à l'Union (réalisé en 1845).

Kit Houghton

Le bétail reste très présent dans la vie texane et de nombreux organisateurs vous proposeront d'assister (ou de participer) à une « cattle drive ».

LE TEXAS AUJOURD'HUI

Dans l'imaginaire européen, le Texas est le pays des cow-boys et sa grande activité

LE COIN DU PRO

Monte western

Sur place, vous trouverez de nombreux centres qui organisent des randonnées, de la simple balade d'une journée à des itinéraires de 8 ou 10 jours, parfois avec des chariots bâchés – évocation puissante du passé de l'Ouest américain.

Bien sûr, on monte « western » : il faut parfois un peu de temps pour se faire à la selle et à la tenue des rênes, mais cette équitation sûre et confortable est parfaitement adaptée à l'extérieur.

l'élevage du bétail : les immenses pâtures des plaines du centre et de l'Ouest hébergent, en effet, des troupeaux immenses surveillés par des cattlemen, aujourd'hui plus souvent en 4 x 4, voire en hélicoptère, qu'à cheval, même si ce dernier reste encore très présent. Mais le Texas est aussi le premier producteur de coton des États-Unis.

Sorrel

Un charmant bivouac très couleur locale dans les forêts de l'Est.

L'OR NOIR

Enfin et surtout, le Texas abrite d'importants gisements de pétrole, dont la découverte, au début du XXe siècle, marqua, pour lui, le début de l'ère industrielle.

Il est de nos jours le premier producteur de pétrole et de gaz naturel des États-Unis. Il produit aussi de l'uranium, et son sous-sol est également riche en charbon, en lignite, en soufre, en fer et en bien d'autres minerais.

UN PETIT BOUT DANS L'IMMENSITÉ

Deuxième État américain par sa superficie, le Texas offre au randonneur européen éberlué des étendues qui semblent infinies. Même à cheval, vous ne pourrez en parcourir que des portions minuscules. Choisissez donc bien votre itinéraire.

TROP GRAND !

Les distances sont trop grandes. Malgré la remarquable organisation des cavaliers américains, qui n'hésitent pas à transporter chevaux et randonneurs en camion pour permettre à ces derniers de découvrir autant que possible les divers aspects d'une région, il est difficile de se faire une idée de la variété des paysages.

LES PARCS AVANT TOUT

Dans la plupart des parcs nationaux, vous pourrez randonner et découvrir des espaces dépaysants, une faune et une flore souvent extraordinaires et bien préservées.

Les plus grands se trouvent dans l'Ouest : à la limite du Nouveau-Mexique, le Guadalupe Mountains National Park offre ses forêts de conifères et son désert brûlant. Enfoncé entre les terres mexicaines, l'immense Big Bend National Park se partage entre le vaste désert du Chihuahua, de douces vallées boisées et les gorges profondes du Rio Grande.

Tout à fait à l'est du pays, sur le golfe du Mexique, le Sea Rim State Park permet de découvrir un monde naturel bien différent avec ses marais, ses rivières et ses étangs.

Vous pourrez y observer les animaux des milieux humides. Les forêts de l'Est sont aussi de merveilleux terrains de randonnée.

Kit Houghton

L'encadrement est toujours de qualité et les chevaux très sûrs : randonneurs de tous niveaux bienvenus !

BON A SAVOIR

Formalités

Un passeport valide et un billet aller-retour suffisent pour un séjour de moins de 90 jours.

Qu'emporter ?

Les climats sont aussi divers que le pays est vaste. Pour vous renseigner, précisez bien votre lieu de séjour et votre itinéraire.

Le Montana

Situé au nord des Rocheuses et à la frontière du Canada avec lequel il partage le fameux Glacier National Park, le Montana est une région de montagnes, de rivières, de lacs, de forêts. Les chevaux y sont omniprésents, tout comme dans les États voisins du Wyoming et de l'Idaho.

Sorrel

TOUS À CHEVAL

Au nord des Rocheuses, monter à cheval est la chose du monde la plus naturelle. Pour découvrir ce pays dans sa vérité, rien de mieux qu'une randonnée équestre.

UNE RÉGION POUR RANDONNEURS

Le Montana est une des régions les plus reculées des États-Unis. A cheval sur deux grands parcs nationaux – le Yellowstone et

BON A SAVOIR

Où vous adresser pour randonner dans le Glacier National Park ?

Superintendent
Glacier National Park
West Glacier 59936
États-Unis
Tél : 406/888 5441

Glacier Wilderness Guides
PO Box 535
West Glacier 59936
États-Unis

Le vert sombre des conifères escalade l'ocre des roches.

Sorrel

Sorrel

On charge les chevaux près du lac. La bâche ne sera pas de trop, car le temps s'est mis à la pluie.

le Glacier National Park –, il offre les paysages âpres et magnifiques d'une nature encore largement sauvage et soumise à un climat assez rude, mais aussi l'espace paisible des grandes plaines d'élevage.

Pour apprécier vraiment cette région, il faut marcher – à pied ou à cheval. Traversez ses rivières à truites, longez ses lacs aux eaux bleues, pénétrez ses sombres forêts de conifères encore hantées par les trappeurs, arpentez ses montagnes où les Indiens tentèrent de se réfugier. Entre deux bivouacs en pleine nature, vous pourrez loger dans l'un des ranchs gigantesques parsemés dans les plaines.

UN PEU D'HISTOIRE

Le mythe de l'Ouest s'est forgé au nord des Rocheuses. Les premiers Blancs à parcourir ces terres furent les trappeurs français. Quelques bataillons de l'armée américaine commencèrent au début du XIXe siècle une exploration systématique du territoire,

GROS PLAN

Dans les montagnes, le temps peut changer très brusquement. Dès que le ciel se couvre, la température baisse, surtout en altitude. Les nuits sont toujours assez froides.

La bonne saison pour randonner dans le Glacier National Park est assez courte : de mi-juin à mi-septembre. Les routes sont souvent coupées par la neige dès le début du mois d'octobre et jusqu'au début du mois de juin. Les installations sont fermées en hiver.

Sorrel

Un bivouac loin de tout.

Le chapeau est indispensable pour se protéger du soleil, de la pluie et même, parfois, de la neige.

mais, dans le Montana, ils ne s'aventurèrent pas très loin.

Les pionniers qui traversèrent les Rocheuses à partir de 1860 pour aller peupler ces régions pratiquement incultes côtoyèrent donc, dans les rudes Etats du nord, les trappeurs, les hors-la-loi et les désespérés de tout poil saisis par la fièvre de l'or ainsi que les Indiens qui y vivaient encore de la chasse au bison.

UN TERRITOIRE VOLÉ

Le Montana était, avant l'arrivée des pionniers, le territoire des Sioux, des Cheyennes, des Gros-Ventres, des Nez-Percés et des Blackfoot. Ils chassaient les bisons, abondants dans les plaines.

Ils résistèrent avec l'énergie du désespoir à l'invasion des Blancs qui s'appropriaient peu à peu leurs terres.

Ils s'allièrent pour infliger à l'armée américaine, dans la sanglante et tristement fameuse bataille de Little Bighorn, une terrible défaite.

Mais l'invasion blanche se poursuivit et les Indiens du Montana furent bientôt, comme les autres Indiens d'Amérique, parqués dans des réserves.

DES RESTES DU PASSÉ

La ruée vers l'or entraîna la construction de quelques villes rapidement bâties, dont le pittoresque disparaît aujourd'hui sous un vernis folklorique destiné à les rendre attrayantes pour les touristes.

La construction de chemins de fer a permis l'installation, dans les plaines, de grands ranchs d'élevage. Aujourd'hui encore, on y élève des bisons.

LE MONTANA AUJOURD'HUI

Le Montana est resté une région immense et sauvage où les forêts sont peuplées de grizzlis, les plaines de bisons et les lacs fréquentés par les élans.

L'ÉLEVAGE AVANT TOUT

Sillonné de rivières dont les eaux pures courent à travers forêts et prairies, forment cascades et lacs, royaume des randonneurs et des naturalistes, le Montana ne vit pas encore de son tourisme malgré la présence du Glacier National Park, qui est considéré comme le plus authentique des parcs nationaux américains.

C'est encore essentiellement une région d'élevage et d'agriculture où fleurissent d'immenses ranchs.

L'exploitation du bois, de l'or, de l'argent et du manganèse, la transformation du minerai de cuivre et de zinc fournissent une certaine activité industrielle.

Le Montana en chiffres

Surface : 381 090 km² • ***Population :*** 799 000 habitants
(pour comparaison : État de Washington, 176 620 km² pour 4 866 692 habitants)
Le Montana fait partie des États qui se sont développés lors de la ruée vers l'Ouest. A partir de 1862, tout Blanc qui s'installe dans ces États reçoit gratuitement 160 arpents de terre, à condition de les cultiver pendant cinq ans. En 1870, le Montana, essentiellement peuplé d'Indiens, ne comptait pas plus de 20 000 Blancs ; ils étaient 88 000 en 1890 et 325 000 en 1910 : une population qui s'est multipliée par 16 en 40 ans !

INDEX